KB104206

민주주의는 기술을 선택한다

세계 시민 집회와 시민 기술

이 책은 2017년 정부(교육부)의 재원으로 한국연구재단의 지원을 받아 수행한
연구결과입니다. (NRF-2017S1A6A4A01019165)

민주주의는 기술을 선택한다

조희정 지음

세계 시민 집회와 시민 기술

더가능연구소
THE POSSIBILITY LAB

목 차

표 목차

그림 목차

제1장 | **문제제기**

제1절

왜 시민 집회인가

1. 시민 집회의 중요성

21세기 초반, 2001년부터 2020년까지 20년간 총 25개 국가에서 46회 '대규모' 시민 집회가 발생했다.

아랍의 봄(Arab's Spring)에 참여한 중동 지역 17개 국가[1]와 시민 집회가 두 번 발생한 우크라이나, 이집트와 홍콩, 네 번의 대규모 촛불 집회가 진행된 우리나라(2002, 2004, 2008, 2016년)까지 개별 사례로 산출하면 20년, 240개월 동안 총 46회, 즉 평균 5개월에 한 번씩 지구촌 어디에선가 많은 시민이 특정 목적 달성을 위해 모였다는 이야기다.

물론 각국 내부 사정까지 들여다보면 그보다 훨씬 더 많은 시민

---

1) 중동에서 시민 집회가 발생한 17개국은 레바논, 리비야, 모로코, 모리타니, 바레인, 사우디아라비아, 서사하라, 수단, 시리아, 알제리, 예멘, 오만, 요르단, 이란, 이집트, 쿠웨이트, 튀니지이다.

〈표 1-1〉 21세기 시민 집회(2001-2020년)

연번	국가	시기	명칭
1	필리핀	2001년	피플 파워II
2	조지아	2003년	장미 혁명
3-4	우크라이나(2회)	2004년	오렌지 혁명
		2013년	유로마이단
5	키르키즈스탄	2005년	튤립 혁명
6	레바논	2005년	백향목 혁명
7-8	이집트(2회)	2005년	여성 선거권 집회
		2008년	총파업
9	벨라루스	2006년	청바지 혁명
10	베네주엘라	2007년	학생 집회
11	미얀마	2007년	샤프란 혁명
12	아이슬란드	2009년	키친웨어 혁명
13	몰도바	2009년	포도 혁명
14	이란	2009년	그린 운동
15-31	중동(17개국)	2010-2011년	아랍의 봄
32	스페인	2011년	인디그나도스 운동
33	미국	2011년	월스트리트 점령운동
34	칠레	2011-2014년	학생운동
35	멕시코	2012년	'나는 132번째다' 운동
36	터키	2013년	게지공원 저항
37	브라질	2014년	정치부패 비판
38	대만	2014년	해바라기 운동
39-40	홍콩(2회)	2014년	우산 운동
		2019년	블랙 혁명
41-44	한국(4회)	2002년	효순·미선 추모 촛불 집회
		2004년	대통령 탄핵 반대 촛불 집회
		2008년	미국산쇠고기 수입 반대 촛불 집회
		2016-2017년	국정농단 비판/대통령 탄핵 촛불 집회
45	루마니아	2017년	빛의 혁명
46	프랑스	2018년	노란조끼 운동

민주주의는 기술을 선택한다: 세계 시민 집회와 시민 기술

집회가 있었을 것이다. 크고 작은 사례까지 감안하면 우리는 '시민 집회가 일상이 된 시대'를 살고 있는 셈이다.

21세기 전에는 이런 결집이 집회를 넘어 혁명 수준까지 이어진 적도 있다. 프랑스 혁명, 볼셰비키 혁명, 68혁명 등과 같은 유명한 역사적 혁명이 대표적 사례이다. 따라서 특정 이유 때문에 거대한 규모의 결집이 이루어졌다는 것만으로 '21세기 시민 집회'만 중요하다고 말하기는 어렵다.

한편, 시민 집회처럼 저항과 항의 방식이 아니더라도 인도양 쓰나미 대참사(2004년), 런던 지하철 폭탄 테러(2005년)처럼 자연 재해와 사회 재해 피해를 지원하기 위해 진행된 시민들의 국제적 공조·지원·공여·자선 활동 역시 시민들의 집단 행동으로 평가할 수 있다. [2]

그렇다면 21세기 시민 집회를 분석하는 것이 왜 중요한가에 대해 정치, 사회, 기술적으로 좀 더 면밀히 검토해보자.

1) 정치적 중요성: 정치 목적 달성을 위한 집단 행동

첫째, 시민 집회는 기본 성격이 매우 정치적이기 때문에 중요하다. 선거와 같은 제도적 참여가 아니라 비제도적으로 이루어지는 대표적 참여 사례가 시민 집회이다. 물론 시민 집회만 유일한 비제도적 참여는 아니다. 일상생활에서 진행되는 다양한 주민 활동이나 사회 운동도 비

---

2) Eberly(2008).

제도적 참여 활동이 될 수 있다. 그러나 이 책에서는 긴박하고 절실한 순간에 진행되는 ICT(Information Communication Technology) 이용의 특징을 분석하기 위해 —비제도적 참여 중에 특히— 시민 집회를 연구 대상으로 선택하였다. [3]

한편, 제도 정치에서 가장 급박한 순간은 선거이다. 일상생활에서도 정치가 진행되지만 대의 민주주의 선출과정을 통해 새로운 대표와 정부가 등장하기 때문이다.

선거 운동 기간 동안 후보자 선거 캠프에서는 동원 가능한 모든 방식을 이용하여 유권자를 움직이고 지지자를 확보하고 확대하려고 한다. 유권자 또한 선거에 대한 관심을 표현하고, 다른 사람과 관심 내용을 공유하며, 후보 지지와 비판을 실천한다. 이를 관습적 참여(conventional participation)라고 하며, 그 과정에 ICT를 이용하면 그것을 온라인 선거 운동(online campaign)이라고 부른다.

일정 기간 동안만 한시적으로 진행되는 온라인 선거 운동 방식은 인터넷 이전 시대와 매우 다른 방식으로 진행되고 있다. 인터넷 등장 전에는 일일이 가가호호 방문하고, 면대면으로 사람을 모으고, 길거리나 광장에서 유세했다면 ICT 등장 후에는 그 양상이 훨씬 다양해졌다.

이제는 데이터 분석을 통해 유권자 취향이나 여론 흐름을 파악할 수 있고, 더 나은 기술을 이용해 선거 결과를 예측하는 시도도 진행되고 있다.

---

3) 제도 차원의 ICT 선거운동 분석에 대해서는 미국 온라인 선거운동(조희정 2013), 한국 온라인 선거운동(조희정 2017b) 분석 참조.

미국 온라인 선거 운동 역사를 보면, 1998년 홈페이지 선거운동을 통해 정치 지명도가 거의 없었던 프로레슬러 제시 벤추라(Jesse Ventura)는 주지사가 되었고, 2004년 무명의 주지사 하워드 딘(Howard Dean)은 미트업[4]이라는 온라인 커뮤니티(Online Community) 서비스를 통해 이름을 알리고 지지자를 결집하여 대선 후보로까지 추대되었다. 이전까지만 해도 미트업 존재를 알지 못했던 하워드 딘 후보는 인터넷 서비스를 통해 지지자가 그렇게 많이 모일 수 있다는 사실에 대해 신기해하고 의아해했다.[5]

2000년대 중반이 되면서 양상은 더욱 진일보하여 유권자뿐 아니라 후보자 스스로 ICT를 적극적으로 활용하는 상황으로 변화했다. 흑인 변호사 오바마(Obama)는 '승격 대통령(Accidental President)[6]'이라는 공화당 주류의 냉소를 비웃기라도 하듯 —온라인 커뮤니티 서비스를 통해 다양한 네트워크를 구성하고 빅데이터(big data)까지 활용하면서— 풀뿌리 조직화에 성공하며 2012년 재선에 도전했고 승리했다.

2007년 프랑스 대선에서는 블로거(blogger)들 간의 치열한 정치 토론과 선거운동이 전개되었고, 2010년 영국 총선에서는 트위터

---

4) https://www.meetup.com
5) Trippi(2004).
6) 승격 대통령이란 현직 대통령 사망이나 사임에 따라 우연히 대통령직을 승계하게 되는 우연적인 부통령을 의미한다. 따라서 대통령 오바마를 이렇게 부르는 것은 정상적 과정을 통해 등장한 대통령이 아니라 우연히 대통령이 된 존재 혹은 그 정도 능력밖에 안 되는 대통령이라는 냉소적 의미가 강하다(http://blog.daum.net/rainer2134/6045776).

(Twitter) 데이터를 실시간 분석하여 선거 결과를 예측한 서비스가 등장하여 전 세계적으로 주목을 받았다. 이 서비스가 예측한 내용은 실제 선거 결과와 거의 차이가 없었다.

우리나라에서도 1990년대 초반 PC통신 후보자 토론회부터 2000년대 중반 소셜 미디어(social media)[7] 선거 운동 그리고 현재 빅데이터 선거 분석까지 온라인 선거 운동이 지속적으로 발전하고 있다.

온라인 선거 운동만 발전한 것이 아니다. 온라인 시민 집회 역시 그러하다(이 책에서의 온라인 시민 집회는 온라인 공간에서 진행되는 랜선 시민 집회뿐만 아니라 기술을 활용하여 온라인과 오프라인에서 전개된 시민 집회 모두를 의미한다).

시민이라는 존재는 근대 시민 혁명부터 형성되었다. 그리고 시민권 강화를 위한 보통선거권 요구 운동, 과거와 다른 다양한 사회 가치를 주장한 68혁명, 현재의 시민 생존권과 권한 확대 요구 등 수많은 시민 집회는, 제도정치 변화의 계기를 마련하는 가장 강력한 비제도적, 정치적 기회로 작동하고 있다. 제도 정치와 비제도 정치는 언제나 함께 조응하며 변화하는 것이다.

온라인 선거 운동처럼 긴박한 순간에 집회 진행 상황을 알리고, 많은 사람에게 집회의 핵심 이슈나 중요 메시지를 전달하기 위해 가장 적절한 수단을 찾는 것은 당연한 현상이다. 여기에 시민 집회의 정치적

---

7) 1997년 티나 샤키(Tina Sharkey)는 커뮤니티 중심 인터넷 콘텐츠 양식을 소셜 미디어라고 최초로 말했고, 2004년 크리스 쉬플리(Chris Shipley)는 당시 유행하던 웹 2.0 기술과 관련하여 '블로깅, 위키, 소셜 네트워크와 연관된 테크놀로지가 결합한 새로운 형태의 참여미디어'를 소셜 미디어라고 정의하였다(설진아 2011: 13).

중요성이 있다. 즉, 시민 집회에서 사람들이 적절한 특정 ICT를 선택하는 것은 정치 목적을 달성하기 위해 행하는 매우 정치적인 행위이다.

2) 사회적 중요성: 디지털 노마드의 연결 권력

시민 집회의 두 번째 중요성은 사회적 차원에서 새로운 계층의 등장을 알린다는 것에 있다. 중요한 역사적 사건을 분기점으로 베이비 부머(babyboomer), 포스트베이비부머(post-babyboomer), 68세대 등 새로운 주체가 등장했다.

21세기 시민 집회 진행 기간에도 새로운 주체가 등장했다. 이들을 디지털 노마드(digital nomad), 밀레니얼 세대(millennials), MZ세대라고 부르기도 하는데, 이들은 ICT 이용에 능숙하고, 다양한 네트워크로 연결되어 있으며, 개인주의적 성향이 강하고 무엇보다 개인의 자기 결정력을 가장 중요한 가치로 생각한다.

모든 집단 행동 연구에서 '왜(원인)' 그리고 '어떻게(방법)'라는 문제는 중요 관심사다. 지금처럼 사회가 다변화되거나 대중 심리를 과학적으로 분석하지 않던 시대의 고전적 집단 행동 연구에서는 다수의 불만이나 박탈감 같은 단일의 심리적 요인이나, 타인에의 영향(전파) 같은 막연한 요인을 집단 행동 원인이라고 설명했다.

그러나, 시간이 지날수록 (단일의 집단가치보다) 개인의 가치가 강하게 연결된 개인, (고등교육을 받은) 판단력 높은 개인, (탈물질주의 가치 등) 다양한 가치를 갖는 개인, 혹은 이러한 개인들의 연결(네트워크)이 중요 원인으로 평가되었다. 한편으로는 소규모 집단 행동부터 대규모 집단 행동까지 작동 방식이 매우 다양하다는 점을 고려해야만 했다.

과거 집단 행동 연구가 운동의 원인에 천착했다면, 현재는 집단 행동의 발생과 과정, 효과가 중요한 문제로 부상하고 있다.[8]

시민 집회 행위자 연구는 참여자 개개인의 특성을 연구하는 것이 아니라 개개인을 결집하는 네트워크 커뮤니티 특성을 연구하는 것이기도 하다. 흩어져 있는 고립된 개인이나 자원을 결집하는 것이 가장 중요한 집회 원동력이기 때문이다.

이 과정에서 새로운 정당이 만들어지기도 하고, 크라우드펀딩 (crowdfunding) 같은 물적 자원이 결집되기도 한다. 또한, 큰 조직이 형성되면 더 많은 주목을 받게 되어 제도적 조직으로 성장할 수 있는 네트워크 효과가 나타나기도 한다.

세대론에서 제시하는 구분에 의하면 통상적인 Z세대는 1990년대에 태어난 사람들을 의미한다. 여기에서 'Z'는 베이비붐 세대(1945년 출생부터)와 X세대(1964년 출생부터), Y세대(1978년 출생부터. 밀레니얼 세대라고도 부름)에 이어 20세기 '마지막' 세대라는 의미가 있다. 이들은 디지털 기기 이용에 익숙하다(1969년에 시작한 인터넷 서비스 개념이 대중적으로 확산된 것도 이 시기인데, 그런 이유 때문이기도 하다).

디지털 기기를 자유자재로 이용하던 이들은 2000년대 중반에 10대 시기를 보냈는데, 이때는 이미 인터넷이나 소셜 미디어가 보편적으로 확산되어 있었고, 이들이 20대가 된 2010년대에는 —이들 뿐 아니

---

8) 김태수(2007: 152).

라— 대부분의 사람들이 뉴미디어를 생필품처럼 자연스럽게 여기게 되었다.

그러나 Z세대를 20세기 '마지막' 세대라고 해석하는 것에는 중의적 의미도 있다. 즉, 세대 구분 자체가 '마지막'이라고 볼 수도 있다. 세대 구분에 비판적인 사람들은 세대 명칭 그 자체가 새로운 소비층을 개발하려는 상업적인 의도일 뿐이라고 일축하는데, 그러한 비판을 논외로 하더라도 적어도 디지털 중심 관점에서는 세대 구분 자체가 별로 의미가 없다. 오히려 세상은 디지털에 익숙한 사람(digital natives)과 익숙하지 않은 사람(digital immigrant)으로 구분하는 것이 더 적절할 수 있다.

인터넷 초기에는 백인, 남성, 똑똑한 사람 혹은 대도시 남성, 대학생이 기술 혜택을 누릴 뿐이기 때문에 정보격차(digital divide)를 없애고 더 많은 사람이 ICT 서비스를 향유할 수 있도록 해야 한다는 정책 논리 등이 있었지만, 이제는 어린이와 노인과 같은 연령, 여성과 남성이라는 성별 등 인구통계학적인 차이가 기술 이용도를 가늠할 수 있는 변수가 아니다.

그저, 익숙한 사람과 익숙하지 않은 사람 정도만 있을 뿐이기 때문에 —적어도 ICT 분야에서는— 세대 구분 자체가 큰 의미가 없다. 이제는 태어날 때부터 아이패드(ipad)를 이용하면서, 디지털에 익숙한 계층이나 전자기기를 이용하기 전에 사용설명서(manuel)를 볼 필요 없는 디지털 네이티브라는 말도 그 의미가 약해질 정도로 기술은 어디에나 있는 상황이다.

그래도 디지털 시대에 열광하는 많은 사람들은 수많은 명칭으로 디지털에 익숙한 계층을 표현해왔다. 스마트 몹(smart mob, Rheingold 2002), 집단 지성(collective intelligence, Leadbeater), 크라우드소싱(crowdsourcing), 메이커(maker, 개인 제작자, Dougherty & Conrad 2016), 프로슈머(prosumer), 뉴노멀(new normal, Hinssen 2010), 롱테일(long tail, Anderson 2014), 디지털 노마드 같은 표현이 그것이다(물론 이러한 표현 어디에도 세대(generation)라는 말은 없다).

그래서 시민 집회 주체를 세대로 구분하기 어렵다. 다양한 세대가 모여 있기 때문에 '세대'집회가 아니라 '시민'집회라고 부르는 것이다.

그러나 여기에서 디지털에 익숙한 계층의 가치가 반영되어 있다는 사실은 매우 중요하다. 디지털 노마드들은 상당 시간 동안 온라인에서 생활하지만 그렇다고 온라인과 오프라인을 별개로 구분하지 않는다.

다만, 이들에게는 몇 가지 공통점이 있다. 디지털 공간에서 많은 시간을 보내고, 여러 작업을 동시에 하는 경향이 있으며, 디지털 기술을 매개로 자신을 표현하는데 거부감이 없는 편이고, 디지털 기술을 이용해 정보에 접근하고 이용하며 새로운 지식과 예술 형태를 창조한다는 점이 그것이다.[9]

이에 대해 힌센은 디지털 기술이 시작될 때의 1차 혁명과 현재처럼 디지털 기술이 보편화된 상태에서의 가치 변화를 2차 혁명으로 구분하여 그 특징을 분석하였다.[10]

따라서, 이 모든 미디어 이용 주체를 강조하기 위해 가장 적절한

---

9) Palfrey(2008: 18-19).

10) Hinssen(2010).

〈표 1-2〉 디지털 혁명의 가치변화

첫 번째 혁명	두 번째 혁명
기술은 새로운 경험이다	기술은 일반화된 표준이다
기술은 새 고안물이다	기술은 일용품이다
디지털은 차별화 요소다	디지털은 필수 요소다
디지털은 형용사다	디지털은 일상적이다
기술은 일이다	기술은 생활이다
생활의 중심은 직장이다	생활의 중심은 가정이다
디지털 마케팅은 혁신이다	디지털 마케팅은 주류다
기술을 구축하는 일과 관련된다	기술을 똑똑하게 사용하는 일과 관련된다
기술은 부수 활동이다	기술은 핵심 활동이다

＊출처: Hinssen(2010: 21)

말은 디지털 노마드가 적절할 것이다. 즉, 21세기 시민 집회의 행위자 분석에서는 세대 분석보다는 디지털 노마드의 행동 양태를 분석하는 것이 훨씬 유용한 분석 관점이다.

디지털에 익숙한 사람들은 네트워크 확장을 위해 정보를 쉴 새 없이 공유한다. 정보 없는 네트워크는 결국 빈집과 같이 공허한 상태이기 때문이다. 시민 집회 성공을 위해서는 최대한 많은 사람이 결집해야 한다. 상식적으로 국민 다수의 의견을 거부할 수 있는 정부는 없기 때문이다. 이 지점에서 네트워크 위력이 발휘된다.

네트워크는 작은 연결단위 노드(node), 노드와 노드를 연결하는 커넥터(connector), 그리고 수많은 노드 결합이자 네트워크 핵심 위력을 발휘하는 허브(hub)로 구성되어 있다. 커넥터에 의해 노드가 연결되고, 허브에 다양한 커넥터가 모여들면 위력적 네트워크가 완성된다.

허브가 많아지면 더 많은 다른 종류의 네트워크가 형성되고 그러한 다양한 네트워크를 연결하는 또다른 커넥터가 등장한다. 따라서, 시민 집회에 사람이 많이 모이는 결집 효과를 분석하기 위해서는 네트워크 특징과 성장 방식을 이해할 필요가 있다.

오랫동안 근대 사회에서는 위계적이고 수직적이며, 피라미드 같은 군대 조직이 사회 저변에서 보편적으로 작동했다. 위에서 지시하면 제일 끝단까지 작동하는 군대처럼 회사와 같은 경영조직, 정부와 같은 행정조직, 종교 조직까지 유사하게 작동해왔다. 그러나 네트워크 사회가 되면서 누구나 평등하게 수평적으로 연결될 수 있게 되었다. 시민 집회 확산이 정보·사람·조직 연결로 증폭된 것이다.

그라노베터의 연구로 유명한 강한 연계(strong ties)와 약한 연계(weak ties) 구분은 대표적인 초기 네트워크 이론이다.[11] 강한 연계가 친구, 가족 등 헤어지기 어려운 끈끈한 연결을 의미한다면, 약한 연계는 얼굴만 알고 지내는 정도, 그래서 자주 만나지 않을 수도 있고, 언제라도 연락을 끊을 수도 있는 느슨한 연결을 의미한다.

경험 연구에 의하면, 강한 연계는 천천히 확산되며, 새로운 인물이 네트워크에 진입하기 어렵다.[12] 그러나 약한 연계는 사회적 확산력이 매우 높다. 미국에서는 어느 두 사람이든 6단계의 약한 연계로 이어져 있다는 연구결과도 있다.[13]

---

11) Granovetter(1973).

12) Rapoport & Horvath(1961).

13) Milgram(1992); Kochen(1989).

또한, 약한 연계는 넓게 퍼지는 경향이 있는 반면, 강한 연계는 국지적이고, 안쪽으로 수렴되는 모양새이기 때문에 더 큰 연결을 위해서는 강한 연계보다 약한 연계가 중요하다는 주장도 있다. [14]

약한 연계는 정보를 확산시키는 데 중요한 역할을 하기도 한다. [15] 조정된 행동이 의사소통에 달려 있다면, 의사소통은 약한 연계에서 더 빠르므로, 약한 연계가 더 낫다는 것이다. [16]

인터넷에서는 연결하기 쉽기 때문에 수많은 온라인 커뮤니티를 형성할 수 있다. 온라인 커뮤니티는 다양성(다양한 정보 습득과 다양한 관계 형성), 자발성(자발적이고 자유로운 행동), 상호성(큰 비용 없이도 구성원과 의사소통과 연대를 유지)과 같은 ―과거의 결사체와 다른― 독특한 특징을 지니고 있다. [17]

21세기 시민 집회에 참여한 많은 사람들 역시 마찬가지다. 이들은 과거 근대사회 집회처럼 조직화된 단체 구성원이라기 보다는 평범한 시민인 경우가 많고, 시대 환경에 따라 디지털 기술에 익숙한 디지털 노마드들이며, 약한 연대를 중심으로 모인 커뮤니티 회원들이기도 하다. 따라서, 이 계층의 사회적 특성을 파악하는 것은 시민 집회의 사회적 중요성을 분석하는 데 필수적이다.

---

14) Chwe(2001: 93).

15) Granovetter(1995); Montgomery(1991).

16) Gould(1993); Macy(1991); Marwell & Oliver(1993), Chwe(2001: 94-95)에서 재인용.

17) 전영아·강정한(2010: 179-180).

3) 기술적 중요성: 이용자의 특정 기술 선택

시민 집회의 세 번째 특성은 전술한 바와 같이 시점과 관계가 깊다. 즉, ICT 활용이 필수적이다. 21세기에 들어 우리는 인터넷을 접하게 되었고, 기술을 가까이에서 만나게 되었으며 스마트폰을 통해 누구나 연결될 수 있는 —상대적으로 그 어느 때도 본적 없는— 진기한 경험을 하게 되었다. 그리고 이 모든 변화가 충분히 익숙해질 정도로 많은 시간이 지났다.

즉, 21세기 초반 20여 년에 이루어진 새로운 기술경험환경 속에서 시민 집회가 등장했다. 정부가 잘못해서, 정치가 엉망이어서, 경제사정이 나빠져서 분노한 시민들이 광장에 모였다는 사실 자체는 과거와 같은 양상일 수 있지만, 그들의 특성이나 이용 기술은 과거와 다른 큰 차이가 있다.

오직 신기술 때문에 시민 집회가 진행된 것은 아니지만, 네트워크 사회가 발전하면서 과거에는 단시간에 폭넓게 연결될 수 없었던 시민이 서로 연결되어 의견을 나누고 주장을 결집할 수 있는 기회가 등장했다.

시민 관여력(empowerment)을 확장시키기 위해 ICT가 유용하게 활용되면서 ICT로 인한 민주주의 발전을 기대할 수 있게 되었다. 즉, 기술을 잘 활용하여 시민 의견을 수렴하고 시민 대표성을 확대할 수 있다면 그 역시 민주주의 발전이라고 평가할 수 있게 된 것이다. 따라서, 민주주의를 하나의 추상적인 결과물로서가 아니라 모두 참여하는 구체적인 과정으로 볼 수 있는 근거가 형성되고 있는 것이다.

시민 집회에서 최초 기술 이용은 1990년대 중반 인터넷 초기에 메일링 리스트(mailing list)를 활용한 반 WTO집회나 멕시코 사파티스타(Zapatista) 혁명을 꼽는다. 21세기에는 2010년대 초반 소셜 미디어와 글로벌 네트워크(global network)를 활용한 월스트리트 점령운동(Occupy WallStreet), 페이스북(facebook)과 동영상이 맹위를 떨친 중동 혁명과 해바라기 운동(Sunflower Movement), 2002년, 2004년, 2008년 그리고 2016년 우리나라의 촛불 집회 등을 꼽을 수 있다.

쉽게 생각하면 사회에 불만이 많고, 제도적 해결이 미진하여 시민 분노가 가시화되어 나타난 것이 시민 집회이다. 즉, '누가? 시민이!, 왜? 화 나서!, 어디에서? 광장에서! 진행한 것이 시민 집회'라는 것은 매우 일반적인 인식이다.

그러나 구체적으로 무엇을, 어떻게 사용하는가에 대해서는 잘 알려져 있지 않다. 그저, 몇몇 능숙한 사람들이 ICT를 썼을 것이다, 사용자가 많은 트위터나 페이스북, 유튜브(YouTube)를 사용하여 일방적으로 선동했을 것이라는 막연한 추측만 있을 뿐이다.

하지만, 일상생활에서 카카오톡(Kakao Talk)을 이용하여 실시간으로 소통하고, 페이스북에 근황을 올리고, 뉴스를 전달하는 방식과 시민 집회가 진행되는 동안 본격적으로 ICT를 이용하는 방식은 조금 다르다.

그저 타인과 정보를 공유하기 위해 ICT를 이용하는 것에 머무는 것이 아니라 좀 더 빨리, 좀 더 많은 사람에게 신속하게 사실과 주장을 전파하고, 좀 더 쉽게 많은 사람들이 모일 수 있도록 하며, 좀 더 효과적으로 시민 의사를 제도에 반영할 수 있도록 ICT를 전략적으로 활용한다.

불이 나면 제일 먼저 소화기를 찾듯이, 긴박한 시민 집회 상황에서 사람들이 어떤 ICT 서비스와 기술을 사용하는지는 매우 선택적이라는 의미다. 왜 홈페이지가 아닌 메신저를 선택할까, 왜 많은 메신저 중에 특정 메신저를 선택할까, 혼자 아는 것에 그치지 않고 굳이 다른 사람에게 정보를 전달한 이유는 무엇일까 등 기술 선택 이유에 대한 많은 의문이 제기될 수 있다.

따라서, 시민 집회의 기술적 중요성은 시민 집회 참여자들의 기술 선택 이유, 기술 이용 과정, 기술 효과에 대한 기대감을 집약적으로 보여준다는 점에서 찾을 수 있다.

4) 시민 집회라는 표현 문제

부가적 문제일수도 있지만 좀 더 개념을 엄밀히 하는 의미에서 시민 집회 표현 자체에 대해서도 생각해 볼 필요가 있다. 이 책은 혁명, 집회, 운동 개념 간 차이를 분명히 하고자 한다.

단적으로 이 책에서 분석하는 사례 모두를 혁명이라고 부르는 것은 매우 성급한 접근방식이다. 역사상 매우 많은 시민 저항 혹은 시민 집회가 있었으며 그 가운데 역사적 중요성이 높은 경우에 시민 혁명(civil revolution)이라고 부르기도 한다. 그러나 명칭을 쉽게 붙이는 것은 매우 큰 오해의 소지가 있으며, 이 또한 성급한 평가이다. 우리가 알고 있는 프랑스 혁명, 러시아 혁명, 라틴아메리카 혁명과 이 책에서 살펴보고자 하는 수많은 시민 집회와는 성격이 매우 다를 수도 있기 때문이다.

혁명의 성공 여부는 혁명 이전 시대와 다른 생산력과 생산관계 변화를 야기하거나 구시대와 완전한 단절을 통한 새로운 시대 혹은 정부의 시작까지 포함한다. 즉, 혁명은 일회성 이벤트가 아니라 역사적 과정 속에 진행되면서 완결되는 것이다. 그런 차원에서 보면 이 책에서 분석하고자 하는 시민 집회는 성공하기도 했고 실패하기도 했다.

시민 집회는 '현재 상태에 대한 불만을 표출하고 제도 개선을 요구하는, 한정된 기간 동안 진행되는 일종의 사회운동상태'이다. 그렇기 때문에 시민 집회를 혁명이라고 부르기 위해서는 좀 더 긴 안목을 가지고 시민 집회 종료 이후의 성과에 대한 엄밀한 평가가 선행되어야 한다.

때로는 촛불 집회를 촛불 혁명이라고 부르기도 하지만 우리사회에서 진행된 다수의 촛불 집회에서 알 수 있듯이 촛불 집회로 인해 과거 사회와 완전한 단절을 이루고 새로운 가치나 제도를 생산하는 것에 성공했는가에 대해서는 여전히 논란의 여지가 있다.[18]

중동에서 무려 17개국이 동시다발적으로 시민 집회를 했지만 여전히 중동 정치가 아랍의 봄을 계기로 극적으로 전환했다거나 더욱 발전했다고 보기도 어렵다.

그렇다면, 집회 개념은 어떻게 정교해질 수 있을까. 원래 집회라는 말을 영어로 하면 '어셈블리(assembly)'다. 그러나 우리나라에서는 국회(national assembly)라는 용어가 보편적으로 쓰이고 있기 때문에

---

18) 외국에서 우리나라 촛불 집회를 부를 때 주로 '촛불 저항(candle protest)'이나 '촛불 혁명(candle revolution)'이라고 부른다.

어셈블리라는 표현으로 시민 집회 의미를 온전히 살리기는 어렵다.

집회라는 말 자체의 어원을 살펴보면 종교 부문에서 시작되었음을 알 수 있다(종교적 의미, 즉 신앙 등을 의미한다는 말은 아니다). '야단법석(野壇法席)'이라는 말은 석가모니의 설법을 듣기 위해 많은 사람이 야외에 모여 시끄러워진 어수선한 상태를 의미한다. 그 옛날에 법화경 설법을 듣기 위해 3백만 명이 모였다는 이야기에서도 알 수 있듯이, 사람이 많이 모이다보니 매우 시끄러운 상태였다는 것이다.

일본 위키피디아는 집회를 '중세 일본 사원(寺院)에서 승려들이 사원 내부의 의사결정을 위해 행하는 합의·자치기관'이라고 정의하고 사원집회, 승려집회라는 명칭을 소개하고 있다. [19]

일본대백과사전에서는 집회를 '중회라고도 부르며 중회(衆会)라고 쓴다. 다수의 사람들이 논의, 의결 등을 위해 일당(一堂)으로 만나는 일'이라고 정의한다. [20] 일본국어대사전에서는 '많은 사람들이 공동 목적을 위해 일정 시간에 일정 장소에 모이는 일. 또는 일정 장소에 모이게 하는 일. 또는 그 모임'을 집회라고 정의한다. [21]

영어 어셈블리 표현을 현대 사회 집회로 표현하기 어렵기 때문에, 집회라는 한자로 표현할 경우에는 그 어원을 알아볼 필요가 있다는 의

---

19) 集会(しゅうえ/しゅえ)とは、中世日本の寺院において僧侶達が寺院内部の意思決定のため行う合議・自治機関を指す. 寺院集会・僧侶集会とも. (https://ja.wikipedia.org/wiki/%E9%9B%86%E4%BC%9A)

20) しゅえともよび, 衆会とも書く. 多数の人々が論議'議決などのため一堂に会すること. (https://kotobank.jp/word/%E9%9B%86%E4%BC%9A-526283)

21) 多くの人が, 共同の目的のために一定の時に, 一定の場所に集まること. また, 一定の場所に集めること. また, その集まり.(『日本国語大辞典』)

미이다. 그렇게 되면 집회라는 표현은 한자보다는 일본어 표현에서 어원을 찾을 수 있으며, 그랬을 때, 많은 사람이 결집한다는 집회의 원래 의미가 오롯이 되살아날 수 있다. 그래서 이 책에서는 혁명이라는 표현보다 '많은 사람이 광장에 모이는 현상'이라는 의미를 살려 집회라고 표현한다.

물론 제도적 정의도 있다. 「집회 및 시위에 관한 법률」은 제2조에서 "'시위'란 여러 사람이 공동 목적을 가지고 도로, 광장, 공원 등 일반인이 자유로이 통행할 수 있는 장소를 행진하거나 위력(威力) 또는 기세(氣勢)를 보여, 불특정한 여러 사람의 의견에 영향을 주거나 제압(制壓)을 가하는 행위를 말한다"고 규정하고 있다(동법에서 '집회'에 대한 정의는 별도로 제시되어 있지 않다).

그러나 시위라는 표현은 위법을 전제로 한 부정적 의미가 강하기 때문에 이 책에서 논하는 시민 집회의 긍정적 의미를 탈각시킬 수 있으므로 그 표현이 부적절하다.

반면, 데몬스트레이션(demonstration)의 약어인 데모의 어원은 '드러냄'과 '보여줌'이다. 즉, 정치적 의견을 사회에 드러내는 행위를 의미한다.[22] 그러나 우리나라에서는 본래의 어원적 의미보다는 '학생운동=데모'라는 의미가 더 강하다. 그런 의미에서 이 책의 한글 명칭은 '모여듦'을 의미하는 시민 '집회'로 표현하고 영어 명칭은 '드러냄'을 의미하는 데모로 표기하였다.

---

22) 르페브르(George Lefebvre)는 1789년 프랑스 혁명이 데모의 시초이자 동시에 테러리즘의 시작이라고 평가했다(마사아키·김경화 2017: 28).

2. 기존 시민 집회 연구

정치학이나 사회학 분야에서는 혁명에 대해서는 주로 원인, 조직화, 동원, 기회, 행위자, 방식 등에 대해 분석해왔다.

〈표 1-3〉 혁명 연구주제와 연구자

분석 주제	연구자(연구성과 출판년도)
원인	Blumer(1946), Turner & Killian(1957), Kornhauser(1959), Smelser(1962), Huntington(1968), Le Bon(1977), Gurr(1970)
조직화 능력	Olson(1965), McCarthy & Zald(1977), Fireman & Gamson(1979)
조직, 이해, 자원 동원, 기회, 집합행동	Tilly(1978)
정치적 기회	McAdam(1982), Tarrow(1989), Kriesi(1996), Gamson & Meyer(1996)
구성원, 동기, 목표, 스타일	잉글하트(1983)
행위자, 이슈, 수단, 스타일	오페(1993)
주체, 쟁점, 노선, 목표, 방식	정태석(2006)
참여자, 쟁점, 방법	강수택·박재홍(2011)
감정, 분노	박형신(2010), 박형신(2018), 박형신·이진희(2008), 박형신·정수남(2015), 신진욱(2007), 엄묘섭(2009), 하홍규(2013)
동원구조, 정치적 기회구조, 인식틀 형성 과정	최재훈(2015)

이 가운데, 시민 집회 의미를 좀 더 효과적으로 이해하기 위해서는 원인, 주체, 방법, 대응, 효과 항목을 중심으로 분석할 필요가 있다. [23]

1) 원인

첫째, 왜 시민들이 집회에 모였는가 하는 원인 분석이다. 누가 생각해도 '집회에 참여하는 수많은 사람들은 어디에서 왔으며 왜 모였는가'하는 의문이 가장 먼저 들 것이다. 따라서 집회 원인 연구는 의제(agenda)와도 연결되는 문제로서 '모인 사람들의 핵심 구호는 무엇인가'라는 연구와 연결된다.

한편으로는 기존 대의 민주주의(representative democracy)[24] 주요 행위자인 정부와 정당 대표성이 실패했기 때문에 시민이 직접 나선 것이므로, '기존 정부와 정당이 무엇을 어떻게 실패해서 시민들이 거리에 나왔는가'에 대해서도 분석한다. 시민 집회 원인 분석은 이후에 진행될 정치 변화를 가늠할 수 있는 중요 요소인 것이다.

전통적 관점에서 집회 원인 연구는 '사회운동은 사회변동을 일으키기 위한 조직화된 노력'이라고 평가했다. 이러한 평가는 급속한 사

---

23) 이하의 항목별 내용은 조희정(2017c)을 재구성.

24) 흔히 '대의 민주주의'로 번역하는 representative democracy는 '대표 민주주의'로 번역하는 것이 더 적합하다는 의견도 있다. 이 의견에 의하면 우리나라 촛불 집회는 대표 민주주의 한계 때문에 발생한 것은 맞지만 촛불 시민이 시민 전체를 대표한다는 것은 아니라고 그 대표성을 한정한다. 즉, 촛불 집회 역시 대표제의 또 하나의 표현이라는 것이다(이관후 2017a). 또한 이러한 의견에 대해 '대표'가 아니라 '대리' 민주주의가 의미가 더 적절할 수도 있다는 의견도 있다.

회변동의 '구조적 긴장(structural strains)'으로 인해 사회적 불만이 갑작스럽게 증가한다는 점에 주목했다.[25] 상대적 박탈이론(Relative Deprivation Theory), 구조기능주의 역시 같은 관점을 취한다.

이들은 참여자의 심리적·병리적 문제나 사회 붕괴와 불안정 같은 구조적 긴장 문제에서 집회 원인을 찾고자 하였다. 이 관점에 의하면, 시민 집회는 사회적 불만이나 긴장의 양과 비례하여 발생해야 한다.[26]

그러나 구조적 긴장이 있다고 항상 사회운동이 발생하는 것은 아니다. 정치적 무능, 불안정, 독재, 불신, 반대자에 대한 과도한 관용, 부정부패, 낮은 사회경제적 위치, 탈물질주의 가치 등장에 의한 세대간 가치 균열, 교육 정도 등 구조적 긴장을 유발하는 원인 자체가 다양할 수 있다.[27] 모든 불합리, 부조리, 차별에 언제나 분노하거나 집단적으로 반응하는 것도 아니고 결집한 이유 중에 어느 하나를 결정적으로 규명해내기도 매우 어렵다는 의미이다.

그래서 1960년대 더 많은 서구 사회운동 사례에 대한 분석을 거치면서 관점이 변하게 되었다. 즉, 비이성적이고 병리학적인 행위자 불만 때문에 시민 집회가 발생하는 것이 아니라 특정 정치적 목적 달성을 위해 (능동적인 판단에 근거하여) 시민 집회가 발생할 수 있다는 구조적 관점이 등장하였다.

즉 시민 집회에 대한 막연하고 추상적인 원인 나열에 그치는 것이

---

25) Tilly(1978); Jenkins(1983: 530), 홍성태(2017: 43)에서 재인용.
26) Blumer(1946); Turner & Killian(1957); Kornhauser(1959); Smelser(1962); Huntington(1968); Le Bon(1977); Gurr(1970), 최재훈(2015: 73)에서 재인용.
27) 안완기(2001: 208-211).

아니라 시민 집회를 조직화할 수 있는 행위자 능력에 주목하게 된 것이다. [28]

2) 주체

둘째, '누가 집회에 모였는가'라는 행위자 문제이다. 즉, 새로운 집단이나 계층이 등장하여 시민 집회가 발발한 것인가, 그런 집단이나 계층이 있다면 그들의 중요 가치는 무엇인가를 연구하는 것이다.

민주주의를 구성하는 계층 혹은 계급을 분석하는 것은 민주주의 동력과 내용을 분석하는 데 있어서 매우 중요하다. 민주주의 자체가 계급이나 계층 다양성을 중심으로 역동적으로 진행될 수 있기 때문이다.

사회 변화에 따라 세대와 가치는 변하지만 시민 집회나 사회 운동 같은 사건을 통해 이들의 새로운 가치가 응집하고 표출된다. 변화 주도 계층이 집회에 참여할 확률이 높고, 그들의 가치 변화 내용을 능동적으로 반영하는 것은 당대 정치의 중요한 과제가 되기도 한다.

흔히 세대론 관점에서 새로운 시민 집회 행위자 특성을 분석하곤 하는데, 네트워크 사회의 중요 행위자인 디지털 노마드는 세대·계급과 같은 과거 구분으로는 해석하기 어려운 새로운 계층들이다. 이들이 새로운 기술을 능숙하게 활용한다는 것은 그 기술 자체가 신기술이기 때문에 특이한 것이 아니라 그 이용 방식이 특이하기 때문에 새로운 것

---

28) Olson(1965); McCarthy & Zald(1977); Fireman & Gamson(1979), 최재훈 (2015: 73)에서 재인용.

이다.

이들을 디지털에 익숙한 특정 연령이나 청소년층으로 한정할 수 없는 이유가 여기에 있다. 즉, 과거 혁명 이론과 사회운동론에서 특정했던 계층이나 계급 중심 단일 행위자가 아니라 분산 네트워크 속에서 느슨하게 연결되어 있는 디지털 노마드를 새로운 행위자로 분석하는 것이 중요한 문제가 되었다.

아울러, 인터넷 초기에는 정보 격차라고 하여 돈 많고 시간 많고 읽을 능력을 갖춘, 교육과 부(wealth) 같은 기존 자원 수혜를 받은 계층의 기기와 정보접근성이 높기 때문에 그 범위를 좀 더 사회 전체 영역으로 확대해야 한다는 식의 정책 논리가 존재했다.

그러나 누구나 스마트폰을 쉽게 쓸 수 있고 인터넷이나 스마트폰 없는 세상을 상상할 수도 없게 된 2010년대부터는 정보 격차보다 어떻게 이러한 기기를 잘 쓸 수 있는가 하는 정보 문해력(digital literacy)이나 미디어 문해력(media literacy)같은 주제가 중요한 정책 주제로 떠오르기 시작했다. 즉, 누구나 기술을 잘 알고 이용할 수 있는 상황이지만 잘 쓰기 위해서는 어떤 점에 유의하고 무엇을 필수적으로 알아야 하는가 하는 것이 중요한 주제로 부상한 것이다.

3) 방법

셋째, 행위자는 어떻게 모이고, 의제를 확산하는가하는 방법과 기술 문제이다. 이 부분에 대해서는 흔히 논의되는 폭력·비폭력 여부보다는 집회 진행과정에서 나타나는 특이한 방법과 기술에 주목한다.

즉, 집회진행과정의 네트워크 형성방법과 기술을 이용한 의제 설정(agenda setting), 정보 제공(informing), 투표/청원(voting/petition), 조직화(organization), 제도화(institutionalization) 등 행위자 결집과 의제 확산 방법에 관심을 가진다.

이러한 관점은 1970년대부터 유행한 자원 동원 이론(Resource Mobilization Theory)에서 시작되었다. 자원 동원 이론은 집합 행동에 필요한 자원과 기회 조건이 핵심이라고 설명한다. 불만이 있기 때문에 폭동을 일으킨다는 따위의 비합리적인 행동이 아니라, 합리적인 행동이라고 평가한다.[29] 따라서 집단 행동의 성패는 자원 동원 과정 중심 접근과 정치적 기회구조 중심 접근으로 구분할 수도 있다. 그러나 기본 가정에서 두 접근법은 큰 차이가 존재하지 않는다.[30]

자원 동원 이론은 주로 사회 해체나 사회 불만보다는 조직적 응집력에 더 관심을 두었다.[31] 즉, 사회 불만을 상수로 처리하고 동원 방식과 조직을 더 강조한다.[32] 동원할 수 있는 자원은, 사용 가능한 자금, 참가하는 인적 자원, 활용 가능한 지적 자원, 외부 자원에 접근 가능한 네트워크, 의사결정자에 도달하는 커넥션 등이다.[33]

자원 동원 이론의 핵심 주장 '조직 없이는 운동도 없다'는 명제를

---

29) Eiji(2012: 384).

30) 임희섭(1999: 99), 송경재 2011: 81에서 재인용.

31) '동원(mobilization)'이란 '주어진 혹은 새로운 삶의 범주를 옹호 혹은 주장하려는 조직을 중심으로 만들어지는 모든 형태의 집합'을 의미한다(Mann 1991: 94, 김태수 2007: 151에서 재인용).

32) 김태수(2007: 152).

33) Eiji(2012: 384).

단순화하면, 사람들이 모인 조직이라는 자원이 효과적으로 동원되면 사회 운동과 혁명이 성공할 수 있다는 것을 의미한다.

이렇듯, 1970년대나 그 이후 구소련이 붕괴한 1980년대 말까지만 해도 다수가 결집한 집단, 그 집단의 강력한 이데올로기, 이를 효과적으로 동원할 수 있는 다양한 층위의 자원의 중요성을 강조한 자원 동원 이론은 사회 변화를 설명하는데 아주 효과적인 주장으로 평가되었다.

그러나 자원을 동원할 수 있는 리더십과 조직만 강조하는 자원 동원 이론은 '언제' 시민 집회가 발생하는가를 설명할 수 없고, 참여 동기나 정체성에 대한 연구가 부족하며, 강력하고 대규모인 조직만 성공한다는 가설의 한계 등 비판도 제기되었다.[34]

이런 문제를 극복하기 위해 정치과정론에서는 시민 집회를 둘러싼 정치적 기회를 구성하는 차원에서 기회를 확산시키고 억제를 강화하는 요인을 체계적으로 정리하여 실제 사례에 적용하였다.[35]

자원을 동원해도 목적 달성에 실패하는 경우도 있고, 성공하는 경우도 있기 때문이다. 정치적 기회구조론은 그런 결과가 정치의 기회구조와 관계된다고 주장한다. 예를 들어 정치 시스템이 개방적인가 아닌가, 정보 공개가 이루어지고 있는가, 정치과정에 대한 접근이 가능한가 등에 따라 운동의 결과가 달라진다. 또한 유력한 동맹자가 존재하는가, 권력 엘리트의 내부가 안정되어 있는가, 분열의 기미가 있는가 등을 고려하지 않으면 안된다. 그러한 정치적 기회구조로부터 운동의 성

---

34) 임희섭(1999: 102-103).

35) McAdam(1982); Tarrow(1989); Kriesi(1996); Gamson & Meyer(1996), 최재훈 (2015: 75)에서 재인용.

패가 결정된다는 것이다.[36)]

자원 동원 이론에 대한 비판 내용처럼 이제는 거시적 이데올로기나 거대 집단을 수동적으로 따라가는 대중의 시대가 아니라 능동적 판단을 하는 개인 능력에 더 관심을 가져야 하는 시대가 되고 있다.

즉, 자원 동원 진행과정에서 집단의 거대한 힘이나 단선적 원인만큼 참여자간 소통 방식 또한 중요한 시대이다. 납득하지 못한 상태에서 거대한 조직의 훌륭한 자원에만 이끌려 운동을 진행하는 수동적인 행위자의 시대는 아닌 것이다.

정보 제공 차원 면에서도 이러한 행위자 속성 변화가 나타나고 있다. 과거에는 매스 미디어가 거른(gatekeeping) 뉴스만을 정보로 습득했지만 네트워크사회에서는 ICT를 통해 누구나 걸러지지 않은 정보를 쉽고 신속하게 알게 된다는 정보 제공 방법 변화만 중요하다고 평가되었다.

그러나 기술이 복합적으로 발전하면서 일방적으로 정보 제공 및 습득 규모가 확대되는 것에 머무는 수준이 아니라 행위자가 능동적으로 정보를 생산하고 의견을 표출하고 토론하며 연대하여 집단을 이루는 방법 또한 중요하게 되었다.

그 연장선상에서 타로우(Tarrow 2002)는 지구적 운동에서 정보 확산, 연결할 수 있는 매개 장치, 집단 정체성 공유를 세 가지 중요한 구성요소로 평가하며 ICT 강점에 주목하기도 했다.[37)]

---

36) Eiji(2012: 384).
37) 윤성이(2009. 5).

의사소통을 의례로 이해하는 방식(사실을 공유하고, 참여하고, 연합하고, 동료 의식을 만들며, 공통 믿음을 구축하는 방식)에 주목하는 조정 문제(coordination problem) 연구분야에서는 집단 행동에 대한 미시적 원인 분석을 강조한다.

〈표 1-4〉 집단 행동 형성 과정

- 사람
→ 소통
→ 공유된 상징체계를 통한 공공 의례
→ 공유 지식(Shared knowledge, 타인과 자신이 같은 메시지를 수신했음을 확인, 즉 타인 인지에 대한 인지와 타인의 인지에 대한 또다른 타인의 인지를 확인) 형성
→ 공유지식의 공지성(publicity, 공유 지식의 사회적 형성과정에 대한 시각적 확인) 집회, 공식행사, 매스컴용 이벤트, 광고, 왕실 행차, 조간신문 구독과 같은 공공의례(public ritual))
→ 집단 행동에 참여

＊출처: Michael S. Chwe(2001: 16-18)의 내용을 재구성.

조정 문제 연구자 마이클 최는 『사람들은 어떻게 광장에 모이는 것일까: 게임 이론으로 본 조정 문제와 공유 지식(*Rational Ritual: Culture, Coordination, and Common Knowledge*)』에서 일반적 집단 행동 형성 과정을 〈표 1-4〉와 같이 분석한다.

집단 행동이 형성되는 각 단계마다 다른 사람이 안다는 것에 대한 앎, 즉 메타 지식(meta knowledge) 연쇄가 형성되기 때문에 의사소

통 성공을 위해서는 단지 메시지를 유포하는 것뿐만 아니라 각 개인에게 다른 사람들도 안다는 사실을 알려야 한다는 것이다. [38]

　마이클 최의 지적은 사회의 다양한 조정 문제에서 공유 지식의 중요성을 강조했다는 점에서 사회 현상을 파악하는 데 매우 유용하다. 그가 강조하는 것은, 첫째, 공유 지식 개념은 설명력이 광범위하다, 둘째, 공유 지식 산출은 공공 의례의 핵심 기능이다, 셋째, 합리성과 문화 간의 고전적 이분법은 재고되어야 한다는 것이다.

　기본적으로 마이클 최는 타인의 행위 선택에 대한 '나'의 판단이 나의 행위 선택에 영향을 미친다는 게임 이론의 기본 입장을 견지하고 있다. 그런데 시민 집회 참여와 같은 집단 행동 참여에서, "다른 사람이 참여하니까 나도 참여할 수 있다"라는 전제가 개인 참여의 핵심 원인이라면, 개인의 '주체적' 참여 의지는 상대적으로 과소평가 되는 것이 아닌가라는 의문도 든다. 즉, 일반적 의례 등 행사에서 집단적 공유 지식이 형성된다는 것은 이해할 수 있지만 '누구'의 공유 지식이며 '누구'에 의해 그 지식 내용이 제공되는가 하는 행위자 분석 역시 중요하다는 것이다.

　또한, 상대 행동에 대한 인지가 집단 행동 참여에 필요조건일 수는 있지만 충분조건은 아닐 수도 있다. 즉, 메시지나 소통 내용과 의미에 대한 인지 역시 행동의 중요한 요인이 될 수 있다. 이와 같은 부분은 조정 문제 분석과 집단 행동에 있어서 집회 참여에 대한 수용자 이론이나 정치 심리 분석 등 좀 더 미시적인 분석이 필요하다는 것을 의미한다.

---

38) Chwe(2001: 25-26); Gould(1995: 18-20).

아울러 마이클 최의 논의에서 가장 핵심 개념은 '공유 지식'인데, 대체적으로 '공유'에 방점이 찍혀 있는 반면 '지식'에 대해서는 상대적으로 논의가 부족하다. 단지 공유만으로 모이고 행동이 이루어지는 것은 아니며, 어떤 지식을 가지고 있는가도 중요하기 때문이다.

즉, 마이클 최는 공유성과 연쇄성에 치중하여 공유 지식을 이해하기 때문에 메시지 전달만 중요하고 공유 지식의 질이나 내용에 대해서는 구체적으로 설명하지 않고 있다.

인지적으로 알고 있다는 사실보다 누가, 무엇을 알고 있는가가 더 중요하다. 알지 못하는 사람들도 집단 행동에 참여해야만 집단 행동이 더 확대될 수 있는 것이기 때문에 '공유' 메커니즘 뿐만 아니라 '지식' 메커니즘 작동에 있어서 행위자의 역할과 정치적 과정 분석이 더 필요하게 되는 것이다.

4) 반응

넷째, 제도 차원에서는 정부와 정당과 같은 제도 행위자 반응을 분석할 수 있다. 시민 집회는 통상적으로 시민 분노에 기반하기 때문에 정부와 정당의 반응은 시민 기대에 부응할 정도로 기민하거나 교정적이지 않다.[39] 정부나 정당의 반응성이 높았다면 애초에 시민 집회가 일어날 리 없었기 때문이다.

---

39) 시민 집회에서 분노의 역할을 단순한 감정으로 평가하는 것은 무리가 있다. 이 문제에 대해서는 사회운동의 감정 역할 연구에서 더 풍부한 문제 제기가 이루어지고 있다(김왕배 2017; 신진욱 2007; 박형신 2018; 엄묘섭 2009).

즉, 정부와 정당의 제도적 반응에 주목하는 경우에는 평상시에 어떤 문제가 있었는가, 정부와 정당은 왜 실패했는가라는 문제에 주목한다. 이 부분에 주목한 연구에서는 정부와 정당의 경직성과 수직적 관료 체계로 인한 비효율성을 비판한다. 미리미리 신속하게 대응하고, 부패에 대해 사과하고, 정책 과실에 대해 인정하고, 책임을 분명히 하면 시민 분노가 그렇게 커지지 않았을 것이라는 것이다.

〈표 1-5〉 분노 감정 표출 양식

원인	표출방향	배후감정	행위양식
대인관계	내사	수치심	불안 행동, 자살 등
	외사	복수심	(개인적) 공격 행동, 증오 범죄 등
사회	내사	좌절감	불안 행동, (저항적) 자살 등
	외사	적대감	개인적: 공격 행동, 증오 범죄 등 집합적: 집단 시위, 테러, 혁명 등

＊출처: 박형신(2018: 174)

이러한 경향의 연구는 시민 집회 과정에서 나타난 파생효과(spin-off effect)에 대한 논의이기도 하다. 모든 시민 집회에 해당되는 것은 아니지만 시민 집회는 시간이 흐를수록 모였다 흩어지는 것에 그치기보다는 실효성 있는 제도적 노력을 하자는 의견이 더 많아지게 되고, 그 결과 네트워크 정당(시민정당, 온라인 정당), 온라인 토론 도구, 정부의 투명성을 높이기 위한 시스템이나 정책 변화 등 파생 효과가 발생하게 되었다.

5) 효과

마지막으로 다섯째는 사회적·제도적 영향력 평가이다. 즉, 시민 집회 이후에 정치적으로 영향을 미쳤는가 하는 것으로서, 일시적 일탈이나 감정(분노) 표출에 그치는 것이 아니라 저항 담론을 형성하여 새로운 가치를 유산으로 남겼는가, 참여 민주주의와 협의 민주주의를 활성화시켰는가, 구체적으로 제도를 변화시켰는가 하는 문제이다.

이런 관점의 접근은 가장 본질적 중요성을 가지지만 한편으로는 '역사가 심판하리라'와 같은 표현처럼 막연하고 분석하기 어려운 부분이기도 하다. 시민 집회 전후의 변화는 어느 정도 시간이 지나야 가능한 평가인데 '어느 정도'가 구체적으로 얼마만큼의 기간을 의미하며, 변화가 없다는 것만으로 시민 집회의 결집을 무의미하다고 평가할 것인가 등 많은 논쟁점을 내포하고 있기 때문이다.

즉, 시민 집회 발생 원인, 참여 주체, 방법, 제도 반응은 결국 시민 집회로 인해 궁극적으로 무엇이 달라졌는가라는 분석으로 귀결될 수 있으며, 이러한 질문에 대한 대답이 풍성해지면 시민 집회의 사회적 의미도 함께 커지는 것이라고 평가할 수 있다.

그 많은 사람이 모여서 이만큼 세상이 달라졌다는 설명을 풍부하게 할 수 있을 때 시민 집회 분석도 의미가 있다. 그저 참여했을 뿐, 그저 화가 났을 뿐, 그저 모였을 뿐, 그저 기술을 선택했을 뿐 정도의 의미로는 설명이 부족할 수 있다.

이처럼 기존 시민 집회 연구는 원인, 주체, 방법, 반응, 효과 차원에서 20세기 급격한 사회 변화를 분석해왔지만 21세기로 접어들면서

〈표 1-6〉 시민 집회에 대한 분석 주제의 특징과 한계

주제	특징	반론·한계
원인	• 구조적 긴장(상대적 박탈이론, 구조기능주의)	• 모든 억압사회에서 집회가 발생하는 것은 아니다. • 사회구조적 긴장 외에 많은 원인이 있다. • 참여자의 능동적 변화 추구 의지도 집회 원인이 될 수 있다.
주체	• 계급 뿐만 아니라 계층도 중요한 분석 대상	• 세대론 중심 분석은 한계가 있다. • 네트워크에서 느슨한 연대와 디지털 노마드 분석이 더 중요해지고 있다. • 정보 격차보다 정보 문해력이 중요한 문제이다.
방법	• 자원 동원 능력과 조직의 힘·응집력(자원 동원이론) • '조직 없이는 운동도 없다'	• '언제' 집회가 발생하는지 설명하기 어렵다. • 참여 동기와 정체성 분석이 부족하다. • 강력하고 큰 조직만 성공할 수 있는 것은 아니다. • 능동적 개인의 중요성을 폄하한다.
반응	• 정부와 정당 대응의 실패 • 관료적 수직 조직의 폐해 비판	• 대안: 시민 정당, 네트워크 정당, 온라인 공론화, 정부 투명성 강화
효과	• 집회 정신 계승 • 참여 문화 활성화 • 제도 변화	• 명료하게 판단하기 어려운 영원한 과제이다.

기술 발전, 행위자의 높아진 교육 수준, 각국의 고유한 정치 사회 문화 구조 등 다양한 변수가 더해지고 초국적 네트워크가 확장되면서 단일 이론만으로 설명하기 어려운 복합적 양상으로 변하고 있다.

또한 각 이론의 강력한 설명력이 놓치고 있는 부분의 영향력 또한 커지고 있으며, 그 가운데 대표적인 것이 집회 참여자의 능동적 참여와 네트워크 능력이라고 할 수 있다. 이제는 수동적 대중의 시대가 아니라 능동적 다중의 시대로 변화하고 있기 때문이다.

　　그렇다면 능동적 다중이 어떤 효과적 방식을 동원하여 집회에 참여하는 것 또한 중요한 분석 주제이다. 따라서, 제2절에서는 시민 집회 참여자로서 다중이 동원하는 기술, 즉 시민 기술 개념과 중요성에 대해 알아본다.

제2절

왜 시민 기술인가

1. 시민 기술 개념

시민 기술은 '시민이 '정치적 목적' 달성을 위해 이용하는 기술이나 서비스'이다. 물론 기술 이용 목적을 제한한 개념이 아니라 기술 이용 주체를 중심으로 정의하면 "시민' 스스로 만들거나 이용하는 모든 기술과 서비스'도 시민 기술이라고 정의할 수도 있다. 즉 시민 기술 개념에서는 '시민'이라는 주체와 '정치적 목적'이 핵심 요소이다.

시민 기술 개념이 확산되기 이전인 2010년대 초반부터 상업적 용도나 정부가 생산하는 기술 서비스에 대해 공유와 참여 의미를 강조하면서 디지털 사회 혁신(Digital Social Innovation, DSI)이라는 논의가 진행되었다.

DSI에서 의미하는 시민 기술은 사회문제 해결을 위해 노력하는 '시민' 주체를 강조한다. EU는 DSI를 '혁신가·이용자·공동체가 다양한 사회적 요구에 대해 ―인터넷 이전에는 상상하기 어려웠던 규모로― 협력적으로 디지털 기술을 이용하여 지식과 해결책을 공동으로 만들어내는 일종의 사회·협력적 혁신 유형'이라고 정의하기도 했다.[40]

국내에서도 2010년대 후반부터 DSI 중심의 지역문제 해결 정책이 추진되었는데, 시민사회에서는 ―이전의 사회적 기업이나 마을 공동체보다 좀 더 새로운 형태로서― 사회기여적인 기술로서 소셜 테크(social technology)[41]를 활용한 소셜 벤처(social venture)들이 새롭게 등장하여 DSI를 이끌고 있기도 하다.[42]

이 책에서는 시민 집회에서 시민들이 이용하는 기술, 즉 특정한 정치적 목적으로 동원되는 기술과 서비스를 시민 기술이라고 한정한다.

시민 기술이라는 용어는 2013년 미국에서 처음 등장하였는데, 프랑스에서는 2015년 처음 등장[43]하였고, 우리나라에서는 2016년 정도부터 본격적으로 등장한 용어이다.

이 책의 분석대상이 2001년부터의 시민 집회임을 감안할 때, 시민 기술이라는 용어가 등장하기 훨씬 전부터 시민 기술 특성을 갖고 있는

---

40) 'A type of social and collaborative innovation in which innovators, users and communities collaborate using digital technologies to co-create knowledge and solutions for a wide range of social needs and at a scale that was unimaginable before the rise of the Internet'(European Union 2014: 5).

41) 소셜 테크는 social technology의 줄임말로, (개인 소유나 기업 이윤에 머무는 것이 아니라) 사회문제 해결 및 공동체 발전에 기여하는 과학기술을 의미한다.

42) 조희정(2019b: 60).

43) 2016년을 기준으로 프랑스에는 50여 개 시민 기술 서비스가 존재했다("디지털 기술이 이끄는 시민 정치." 이코노미인사이트 2017.05.01.).

기술과 서비스들이 이미 존재하고 있었다는 의미이다.

2. 시민 기술 유형

네트워크 사회의 ICT를 통한 참여는 의제 설정, 정보 제공, 투표, 조직화, 제도화와 같은 실천 중심의 민주주의 시민 기술 전략으로 다양하게 분화하고 있다.[44]

2000년대 초반 인터넷 초기에는 홈페이지를 통해 정보를 모으고 제공하거나 피처폰의 단문문자메시지(SMS)로 정보를 전달하는 것에 그쳤다면, 2000년대 중반 소셜 미디어 시대로 접어들면서 대화가 촉진되고 이슈의 확산성이 극대화되기 시작했다.

이어서 2010년대 스마트폰과 동영상 시대에는 개인미디어가 매스 미디어를 우회하는 대안 미디어 역할을 수행하고, 다양한 신기술 적용을 통해 개인 정체성을 표출하고 형성하는 단계로 진화하고 있다. 시민 기술이 표방하는 정치적 목적을 중심으로 시민 기술을 분류하면 〈표 1-7〉과 같이 정리할 수 있다.

1) 정보 제공(생산·유통) 기술

우선, 시민이 정치에 참여하기 위해서는 정부의 일에 대한 지식이

---

44) 조희정(2017a).

유형	특징과 효과	서비스 사례
정보 제공 기술	• 특징: 유인형에서 소통형으로 진화 • 효과: 이슈 인지 효과, 이슈 이해와 공감 효과	홈페이지, 블로그, 텍스트문자메시지, 소셜 미디어, 모바일 메신저
토론 기술	• 특징: 의제 설정, 토론, 투표 • 효과: 민주적 소통, 수평적 대화 효과, 시민 결정권 확장 효과	토론·투표 등 의사결정 앱
결집 기술	• 특징: 결집 주체 형성 • 효과: 수평 운동 효과, 네트워크형조직 결성 효과, 새로운 형태 워킹 그룹, 커뮤니티, 정당 결성	결집 목적의 플랫폼
자원 동원 기술	• 특징: 사람, 돈, 정보(데이터) 동원 • 효과: 정보 연대 효과, 민주적 동원 효과	위키 서비스, 크라우드 서비스

필요하다. 과거에는 신문이나 기관 방문, 대표자와의 만남, 조직화된 활동을 통해 이러한 지식을 습득할 수 있었지만 이제는 다양한 ICT 서비스를 통해 언제, 어디서든, 누구나 그런 지식을 쉽게 습득할 수 있다.

어디에 있는지 찾기 어렵고, 찾아도 이해하기 어려운 문구들만 있어서 곤란할 따름이지 일단 어디에든 찾고자 하는 정보는 있는 편이다. 따라서, 시민 기술의 첫 번째 정치적 목적은 정치정보 생산과 습득이다.

정보 제공 영역에서는 세금 사용처를 기술로 알기 쉽게 한 눈에 보여주는 '내 세금은 어디로 갔나(Where is My tax)'와 같은 서비스가 시민의 알권리를 구현하기 위해 서비스 된 바 있고, 전세계 정치부정사건에 대해 위키리크스(wikileaks)처럼 폭로하거나 꾸준히 정보를 축적하여 보여주는 '우샤히디(Ushahidi)'[45] 같은 서비스도 있다.

정부 비리나 부정선거 같은 정치적 사고가 발생하면 웹사이트나 모바일로 정보를 알리기도 하고, 사고가 없는 일상생활에서는 정부의 어려운 정보들을 일반인들이 이해하기 쉽게 가공하여 보여주는 정보 서비스도 풍부하다.

시민 집회의 시작점이라 할 수 있는 정보 제공 단계에서는 집회에 대해 모르는 사람들을 위해 집회 이슈가 무엇인지, 집회가 어떻게 진행되고 있는지 알리는 기술들을 주로 선택한다. 그렇게 생산된 정보는 누군가에 의해 어디로든 전달된다. (TV와 라디오 시대가 아닌) 네트워크 사회에서만 볼 수 있는 불특정 무한대의 정보 네트워크가 형성되는 것이다.

기술 측면에서 보면, 21세기 초에는 SMS, 홈페이지, 블로그, 인터넷 게시판 등을 통해 정보를 제공했지만 2000년대 중반부터는 블로그, 트위터, 페이스북 포스팅(posting), 동영상, 스마트폰 메신저, 블루투스 채팅 등을 통한 정보 제공이 급증하고 있다. 즉, 미디어 환경이 유선 미디어에서 무선 미디어로 변화하고, 매스 미디어에서 개인 맞춤 미디어로 변화하면서 정보 자체가 발신하는 메시지 양이나 파급력이 더욱 확산되고 있다.

---

45) 우샤히디는 '증언(testimony)', '목격'(스와힐리어)을 의미한다. 2007년 6월, 미국 워싱턴 로펌의 변호사이자 Enablis(남아프리카 기업가 지원 기구)의 고문변호사 그리고 블로거인 오리 오콜로(Ory Okolloh)가 TED 강연을 통해 아프리카에 대한 국제적인 관심을 요청한 것에서 시작하였다.

일일이 신문기사를 '읽고', 라디오 뉴스를 '듣고', TV 뉴스를 '보고' 사건을 이해하게 되는 것이 아니라 동시에 '읽고 듣고 보고' 이해할 수 있는 멀티 콘텐츠 정보 발신이 가능해진 것이다. 그리고 이러한 정보 발신과 유통은 기존 매스 미디어가 의제선별(gatekeeping)하거나 소수가 걸러내는 뉴스가 아니라 누구나 할 수 있는 미디어 생산 환경 속에서 이루어진다.

정보 가공 콘텐츠 기법도 나날이 발전하고 있는데, 근대 사회에서는 대자보와 같은 긴 문장(text)으로 선형적 정보를 제공했다면, 소셜 미디어와 모바일 환경에서는 실시간으로 빠르게 메시지를 전달해야 하기 때문에 단문 메시지가 늘어나고 있다.

아울러, 인터넷 초기의 좋은 의견이나 뉴스를 단순 '퍼가기'를 통해 확산시키는 방식에서 해시태그나 동영상 콘텐츠 생산과 같은 융합적, 능동적 정보 확산 방식으로 변화하고 있다.

단순 퍼가기가 복잡한 과정 없이 찰나의 공감으로만 진행되는 것이라면, 스스로 기자처럼 뉴스와 콘텐츠를 만들고, 그 방식도 텍스트에만 머무는 것이 아니라 이미지, 동영상, 웹툰, 지도와 같은 복합적 콘텐츠로 변화하고 있다는 것은 매우 적극적인 참여방식이라고 평가할 수 있다.

2) 토론 기술

습득 정보를 바탕으로 토론을 하거나 제안을 하고 의견의 우선순위를 파악하기 위해 투표를 할 수도 있다. 예전에는 공론장이라는 엄숙한 장소에 가야하거나 대표 선출이라는 불편한 투표 방식 때문에 정말 정치에 관심 있는 소수만 정치 활동을 할 수 있었지만 이제는 투표 앱으로 아무 때나 편리하게 투표, 청원 ICT 서비스, 커뮤니티에서 글 쓰기와 댓글로 바로 토론할 수 있다. 즉 시민 기술의 두 번째 정치적 목적은 대화와 토론 및 결정이다.

대화와 토론 영역에는 글로벌 청원 서비스 체인지닷(Change.org), 주민소환, 지역문제 알림 서비스 텔 마이 시티(Tell My City), 플루이시티(FluiCity), 의원이 법안 초안을 작성하면 시민 의견을 수렴하여 의원과 시민이 공동법안을 완성하는 파를르망과 시토엥(Parlements & Citoyens) 같은 서비스도 있다. 주민참여예산, 시민공청회에도 많은 시민 기술서비스가 제공된다.

그런 과정들이 활성화되면 제도 접근성이 높아진다. 즉, 목적을 공유하는 사람들이 느슨한 집단을 만들 수도 있고, 새로운 정치 활동을 하면서 과거와 다른 정치 주체들이 형성될 수 있다. 이제는 지속성이 문제이지 집단 형성 자체는 그리 어렵지 않은 시대이다. 따라서, 시민 기술의 세 번째 정치적 목적은 집단화와 제도 변화에 있다.

3) 결집 기술

집단화할 수 있는 시민 기술 부문에서는 비단 네트워크 정당으로 손꼽히는 해적당(Pirate Party, 국제), 오성운동(Five Star Movement, 이탈리아), 포데모스(Podemos, 스페인)만 대표 사례가 아니다.

시민 로비 플랫폼 메우 리우(Meu Rio)[46]는 브라질 지도층의 대규모 부패사건에 대한 대응을 위해 생겼으며, 스페인 지자체들은 주민참여예산 플랫폼을 만들었고, 이탈리아에는 데모크라시 OS(Democracy OS)와 같은 정치운동도 있었다. [47]

물론 제반 시민 기술을 통한 정치활동에서 동원 역시 중요하다. 사람을 모으고, 기술을 선택하고 이용하는 과정도 정치적 목적에 포함되기 때문이다. 따라서, 이 책에서는 정보 제공, 토론, 집단화에 더하여 동원도 중요한 시민 기술 영역으로 포함하였다.

시민 기술이 중요한 이유는 정치 변화에 영향을 미치기 때문이다. 여기에서 말하는 정치 변화는 제도적 변화와 함께 과정과 주체 변화도 모두 포함한다. 즉, 수동적 시혜 대상으로서 국민이 아니라 참여 의사를 가진 능동적 시민, 그러한 시민이 관여한 모든 참여 과정에 시민 기술이 많이 활용되고 있다.

물론, 시민 기술 유용성을 증명할 수 있는 여러 사례들이 있고, 그 사례들이 일정 정도 정치 변화에 작게든 크게든 영향을 미치고 있지만 그렇다고 모든 전망이 그렇게 낙관적인 것만은 아니다.

시작은 호기로웠으나 이제는 없어진 시민 기술도 있고, 너무 많은 사람이 참여하다보니 유지관리비용 때문에 유료화 문제에 직면한 서비스들도 있으며, 서비스는 훌륭하지만 이용자가 거의 없는 경우도 있다.

때로는 도시 거주자나 기술에 익숙한 사람만 이용하는 시민 기술

---

46) https://www.meurio.org.br
47) 이 외의 다양한 부문별 시민 기술 사례와 내용에 대해서는 조희정(2017a) 참조.

격차(civic technology divide)문제, 어떤 시민이 활용하는가에 따라 정치적 편향성 문제가 발생할 수 있다는 것도 중요한 비판거리가 되기도 한다.

그러나 이 책에 제시된 시민 기술 뿐만 아니라 수많은 시민 기술이 주어진 기술이 아닌 시민들이 편하게 쓸 수 있는 기회가 마련된다면 그것 또한 민주주의의 발전이자 참여 기회의 확장이라고 평가할 수 있다.

집필 동기와 책의 구성

1. 21세기 시민 집회에 대한 접근

1) 유사한 기존 연구성과

이 책의 집필 계기는 온라인 시민 집회에 대한 연구서 두 권에서 시작되었다. 하나는 래리 다이아몬드(Larry Diamond)와 마크 플래트너(Marc F. Plattner)가 엮은 『*Liberation Technology: Social Media and The Struggle for Democracy*(소셜 미디어, 자유화 기술)』(2012년)이고, 다른 하나는 카스텔(Manuel Castells)의 『*Networks of Outrage and Hope*(분노와 희망의 네트워크: 인터넷 시대의 사회운동)』(2015년)이다.

다이아몬드가 엮은 책은 연구자 여러 명이 2011년 중동혁명에서 등장한 ICT 역할을 다각적으로 분석한 것이고, 카스텔의 책은 2011년부터 2012년까지 혁명 가운데 중동 혁명, 월스트리트 점령 시위, 스페인 인디그나도스 운동에서 ICT 역할을 주로 다루고 있다.

두 책 모두 시민 집회 과정에서 ICT 역할을 상세히 서술하고 있다. 그러나, 2011년 이전과 2014년 이후 사례, 특히 우리나라 촛불 집회에 대한 상세한 분석이 없으며, ICT에 대한 분석적 모델을 제시하기보다는 시민 집회라는 사건 소개에 치중하였다. 따라서 21세기 전체를 관통하는 ICT 시민 집회 모델이나 한국 상황에 대한 상세한 시사점을 찾기 어렵다는 것이 매우 아쉬웠다.

2) 아랍의 봄

두 번째 집필 계기는 2011년 중동혁명, 이른바 아랍의 봄이다. 당시, 매일 중동혁명 진행 과정을 보면서 (일상생활에서 ICT이용과는 다르게) ICT가 매우 긴박하게 선택되고 있다는 것을 알게 되었고, 이집트 정부의 경악스러운 국가 인터넷 차단(shut down) 조치를 보면서 정부가 그런 정책을 취할 정도로 ICT가 위력적이 된 현실에 전율을 느꼈다. 각종 무기를 동원하여 총력전을 펼치는 과거의 전쟁처럼 이제는 시민 누구나 가질 수 있는 ICT가 강력한 저항 무기로 작동하고 있음을 보여주는 사례라고 생각했다.

아랍의 봄은 소셜 미디어 연구자들에게도 큰 관심사였는데, 클레이 서키(Clay Shirky)와 말콤 글래드웰(Malcolm Gladwell)은 중동혁명에서 소셜 미디어 역할에 대해 상반된 해석을 제시하며 논쟁을 이끌었다. 여기에 다양한 전문가들의 소셜 미디어 효과에 대한 찬반론이 더해지면서 논쟁은 더욱 확대되었는데 그 내용들을 읽으면서 —이미 인터넷 초기의 기술 결정론과 사회 구성론 논쟁을 뛰어넘는— 훨씬 더 많은 해석이 필요하다는 것을 절감하게 되었다.

〈그림 1-1〉 아랍의 봄 현장의 페이스북 관련 사진

＊출처: (좌) http://harvardpolitics.com/covers/revolution/tweeting-the-trigger
　　　(우) http://links.org.au/node/2169
　　　(하) http://wcownews.typepad.com/globalmedia/2011/09/21-century-revolution-tools.html

민주주의는 기술을 선택한다: 세계 시민 집회와 시민 기술

한편, 아랍의 봄, 스페인 인디그나도스 운동, 월스트리트 점령운동이 일어난, 2011년 타임지(Time)는 올해의 인물로 '저항자(protester)'를 선정하기도 하였다. 특정 인물이 아닌 저항자를 선정함으로써 시민집회 영향력을 강조하고 이로 인한 변화의 중요성을 표현한 것이다.

〈그림 1-2〉 타임지 선정 올해의 인물 '저항자'

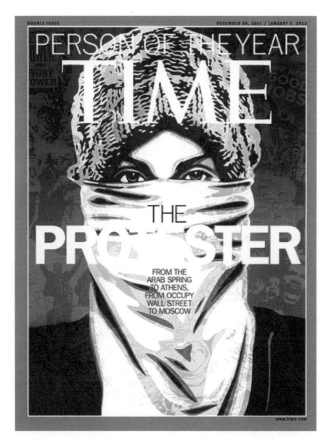

＊출처: http://content.time.com/time/covers/asia/0,16641,20111226,00.html

3) 촛불 집회

세 번째 집필 계기는 말할 것도 없이 2016-2017년 5개월간 누적
인원 1,700만 명이 참여한 우리나라 촛불 집회이다. 우리사회에서
2002년부터 지속적으로 촛불 집회가 발생했다. 그러나 한국 정치사에
서 2016년 집회처럼 오래 지속된 대규모 집회는 없었다.

물론 우리사회에서는 여전히 많은 촛불 집회가 진행중이다. 그러
나 기존 보도자료 트렌드를 분석해보면 2002년, 2004년, 2008년,
2016년, 이 네 차례의 촛불 집회가 우리사회에서 가장 주목받은 사건
임을 알 수 있다.

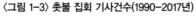

〈그림 1-3〉 촛불 집회 기사건수(1990-2017년)

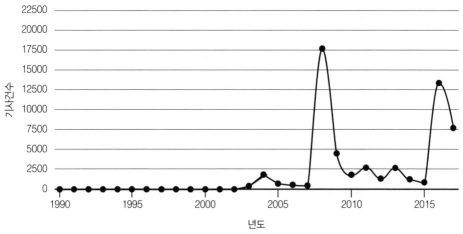

＊출처: 한국언론재단

더구나 그 모습은 (뉴미디어가 보편화된 이후라도) 2002년, 2004년, 2008년 그리고 2016-2017년 촛불 집회 특성이 모두 다르게 나타났다. 각기 동원한 미디어가 달랐고, 기술이 달랐고, 방식이 달랐고, 그 사이에 주체들도 조금씩 차이가 나타났다. 따라서, 촛불 집회 그 자체에 대한 정치적 분석 뿐 아니라 시민 집회 차원에서도 ICT 역할에 대한 공시적·통시적 비교연구가 필요함을 절감했다.

2. 책의 구성

'시민 집회'라는 사건 전반을 일괄적으로 이해하기 위해서는 시간 흐름에 따라 연대기적으로 서술하는 것이 필요할 수도 있다. 국가별로 몇 년 몇 월 며칠에 어떤 일이 시작되어 얼마나 많은 사람이 모여 어떻게 진행되었으며 어떤 사건에 의해 위기를 맞이하였고 어떻게 갈등하였고 어떤 결말을 맞이하였다와 같은 서술방식이 그것이다. 그러나 이러한 사건 기록은 이미 위키피디아(wikipedia)의 해당 시민 집회 항목이나 일반적인 혁명 분석서들에 아주 상세히 설명되어 있다.

이 책은 역사적 관점 서술보다는 미디어 선택 관점에서 정치적 목적의 기술 이용 범위와 그 의미를 분석하고자 하므로 연대기적 서술이 아니라 기술 이용 유형을 중심으로 내용을 구성하였다. 그렇기 때문에 각 챕터는 국가나 사건별 구성이 아니라 기술 이용목적별로 구성하였다.

즉, 정보 제공형(제1장), 자원 동원형(제2장), 토론형(제3장), 결집형(제4장)으로 구분하고 각 장에서 시민 집회에서 선택한 시민 기술 활용양태와 효과를 분석하였다.

또한 제5장에서는 앞서 정리한 다양한 유형의 기술 활용에도 불구하고 발생하는 쟁점을 역기능 차원에서 되짚어보았다. 즉, 시민 기술의 양적·질적 효과도 있었지만 한편에서는 가짜 정보나 극단주의와 같은 부정적 효과도 나타났음을 함께 검토하면서 시민 기술 활용구조를 좀 더 균형 있는 시각으로 평가하고자 하였다.

제2장 | **정보 제공형 시민 기술**

제1절

유인형 정보 제공:
이런 일이 '지금' 발생하고 있다

2000년대 초기 인터넷부터 현재까지 20여 년간 주요 ICT 서비스들은 〈그림 2-1〉과 같은 흐름으로 변해왔다. 매 시기마다 새로운 미디어와 기술이 등장했고 사람들은 열광했으며, 사람들이 몰입하는 규모만큼 활용도도 높아졌다.

〈그림 2-1〉 주요 ICT 서비스와 기술 변화과정

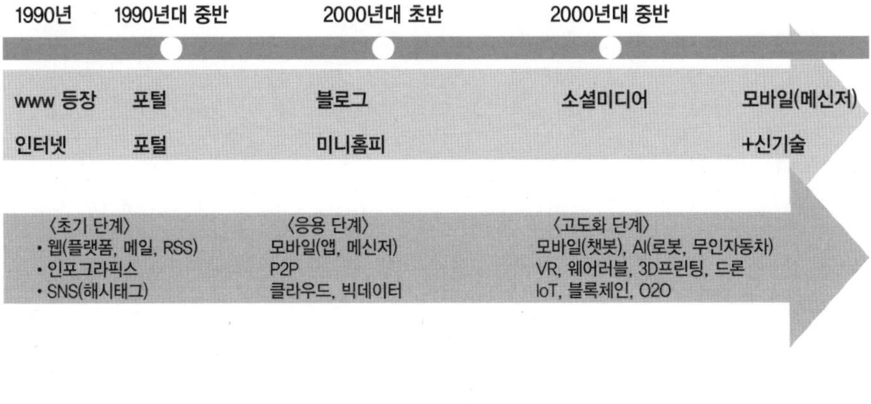

1990년	1990년대 중반	2000년대 초반	2000년대 중반	
www 등장	포털	블로그	소셜미디어	모바일(메신저)
인터넷	포털	미니홈피		+신기술

〈초기 단계〉	〈응용 단계〉	〈고도화 단계〉
• 웹(플랫폼, 메일, RSS)	모바일(앱, 메신저)	모바일(챗봇), AI(로봇, 무인자동차)
• 인포그라픽스	P2P	VR, 웨어러블, 3D프린팅, 드론
• SNS(해시태그)	클라우드, 빅데이터	IoT, 블록체인, O2O

신기술과 뉴미디어 등장으로 이용자간 관계성이 매우 중요해졌다. 즉, 일대다 매스미디어에서 다대다 커뮤니케이션으로 소통 통로가 확장되고, 소수의 게이트키핑이 이루어지는 매스미디어에서 다수가 정보를 생산하는, 필터링(filtering) 없는 정보 범람이 이루어지고 있다.

뉴 미디어 시대의 변화는 연결성, 속보성, 개방성, 확장성 등으로 정리할 수 있다.[48]

첫째, 수평적 연결성이다. 흔히, TV·라디오 등 올드 미디어와 SNS 등 뉴 미디어를 구분하는 기준은 소통 방향과 범위에서 찾는다. 올드 미디어는 이용자와 소통하기 어렵다. 그러나 뉴 미디어에서는 누구든지 서로 신속하게 소통할 수 있다. 쌍방향 소통을 통해 정보를 교류하고, 의견을 토론하며, 공감에 의한 결집을 이룰 수 있는 기회 구조가 만들어지는 것이다.

둘째, 속보성이다. 초당 수백만 개의 글이 올라오는 시대가 되었다. 많은 이용자들은 기존 매스 미디어를 통해 늦게 걸러지는 뉴스와 정보보다는 SNS를 통해 제공되는 빠른 정보에 주목한다. 속보성은 정보유통을 빠르게 한다는 점에서는 매우 유익한 속성이지만, 잘못된 정보 유통도 그만큼 빠를 수 있다는 점은 많은 비관론자들이 우려하는 부분이다

셋째, 개방성이다. 서비스 제작부터 코드를 공개하여 수많은 응용 서비스로 확산되는 방식이나, 개별 SNS의 내용을 다른 SNS로 연결하는 것은 개방성이라는 철학이 있기 때문에 가능한 것이었다. 반면,

---

48) 조희정(2011. 02. 28.).

글로벌 SNS의 개방성에 비해 국내 SNS의 낮은 개방성 수준은 비판받기도 한다.

넷째, 확장성이다. ICT 구현방법에서도 변화가 나타나고 있다. 초기에는 오프라인 정보를 온라인 콘텐츠로 구현하는 단순한 이전이나 양적 의미의 네트워크 공간이 존재했다면 이제는 P2P나 클라우드처럼 응용방식 변화가 나타나고 있다. 단순한 정보구현단계에서 정보응용단계로 능동적으로 변하고 있으며, 인공 지능, 블록 체인, 메타버스처럼 ICT 고도화 단계로 나아가고 있다.

미디어나 ICT 변화 과정만 보면 이런 흐름은 매우 자연스럽고 굉장한 발전처럼 보이기는 한다. 그러나 실제 사회가 그러한 미디어와 ICT를 채택하기 까지는 많은 시간이 걸리고 수많은 제도와 사회구조가 변수로 작동했다.[49]

모든 사회가 모두 같은 모습과 같은 수준으로 ICT별 특성을 능동적으로 수용하는 것은 아니라는 의미이다. 매우 자유롭게 흐름대로 가게 두는 사회가 있는 반면(대체로 완벽하게 그러한 사회는 존재하지 않는다. 즉, 어떤 식으로든 국가와 시장의 개입이 이루어진다), 어떤 사회에서는 사전에 검색어부터 차단·규제하며, 어떤 사회에서는 사후에 특정 인터넷 서비스 이용을 막기도 한다. 독재를 오래 한 사회일수록 그 강도는 세다.

---

49) '인터넷'이라는 말은 1994년 7월 등장하였고, '사이버스페이스'라는 말은 1995년 3월 등장하였다. 그러나 이 용어를 모두 익숙하게 알게 되기까지 상당 시간이 걸렸고 2000년대에 들어와서야 그 쓰임이 보편화되기 시작했다.

1. 문자메시지 정보 제공

1) 피플 파워 II (2001년)

인터넷 초기의 시민 집회의 정보생산은 거의 대부분 휴대폰[50] 문자메시지(SMS, Short Message Service)를 통해 전파되었다. 이후에 트위터에서 SMS의 최대 전송가능길이인 140자 서비스를 셋팅할 정도로 [51] 당시에는 긴 문장이나 홈페이지의 정보 소스 링크조차 보내기 어려웠기 때문에 주로 축약형 문장을 통한 메시지와 소식 전달이 주를 이루었다.

많은 연구자들이 SMS를 이용한 시민 집회의 원년 혹은 대표적인 사례로 필리핀 피플 파워를 꼽는다(1986년 마르코스 대통령을 쫓아낸 1차 피플 파워에 이어 2001년 에스트라다(Joseph Ejercito Estrada) 대통령 하야를 위한 시민 집회를 피플 파워 II라고 부른다).

피플 파워 II에서 SMS를 통해 EDSA(Epifanio de los Santos, 마닐라 중심의 광장)에 反에스트라다 군중이 모였고, 초기에는 수천 명이었다가 4일에 100만 명이 결집하였다(그래서 이 집회를 ESDA가 집회 집결지가 되었다는 이유로 'ESDA 혁명(ESDA Revolution)' 혹은 'ESDA 피플 파워(ESDA People Power)'라고 부르기도 한다).

---

50) 당시 휴대폰은 이용자가 자율적으로 셋팅할 수 있는 스마트폰이 아니라 전화와 문자 기능 정도만 셋팅되어 있는 피처폰이었다.
51) 2017년 트위터는 140자 제한을 풀고 280자로 입력 가능 글자수를 늘렸다.

Text: **WEAR BLACK TO MOURN THE DEATH OF DEMOCRACY.**

Text: **The 11 senators are pigs! S&@t, Estrada is acquitted! Let's do**

＊출처: https://www.slideserve.com/paxton/smart-mobs

시민들은 'Full mblsn tday EDSA', 'Go 2 EDSA. Wear Black', 'NOISE BARRAGE AT 11PM(밤 11시에 집단 항의 시위)', 'GO 2 EDSA, WEAR BLACK 2 MOURNS DEATH OF DEMOCRACY(검은색 옷을 입고 민주주의의 죽음을 애도하러 EDSA로 가자)' 등의 내용으로 SMS를 교환하며 광장에 결집했다. 수백만 통의 SMS 작성에 사용된 것은 일종의 약어로 된 탕글리시어이며,[52] 이 기간 동안 SMS 700여만 건이 송수신되었다.

이미 1998년 에스트라다가 취임하자마자 온라인 토론광장에 反에스트라다 정보가 쌓이기 시작했는데, 피플 파워 II가 시작될 무렵에

---

52) 텍스트 세대의 주 사용 언어는 타갈로그어, 영어, 스페인어를 혼합한 도시의 링구아 프랑카인 속기 형태의 '탕글리시'어였다. 이들은 긴박한 시간에 좀 더 빠르게 입력하기 위해서 "Where are you?"는 "WRU"로, "see you tonight"은 "CU 2NYT"로 줄여서 표기하였다(Castells etc. 2007: 229).

는 200여 개 웹사이트와 100여 개 이메일 토론 집단이 절정을 이루고 있었다.

유명한 온라인 포럼의 하나로 이라그다(e-Lagda.com)가 있었는데, 탄핵 지지를 위해 인터넷과 SMS를 통해 91,000여 명이 이 사이트에 서명하였다. 정보 이외에도, 수많은 인터넷과 SMS들이 에스트라다의 이른바 타락한 인생과 서툰 영어 실력에 대해 조롱하고 풍자했다.[53]

참고로, 2001년의 피플 파워Ⅱ에 이어 2004년에는 아로요 대통령에 대한 탄핵 운동이 전개되었는데 이때에는 17초 짜리 이동전화 벨소리가 한 몫을 했다. 그 벨소리는 임박한 대통령 선거결과를 조작하도록 지시하는 아로요의 육성이 녹음된 것으로, 필리핀의 자생적인 정치세력으로 자리 잡은 Txtpower.org 사이트에서 100만 회나 다운로드되었다.[54]

필리핀에서 SMS를 중요한 소통수단으로 이용한 이유는 서비스 이용료와 문화적 특성 때문이다. 1995년 초기 필리핀 SMS는 판촉용으로 고안되었다가 무선 서비스보다 비싼 유선 전화 서비스[55] 때문에 매일 7천만 개 SMS가 전송되는 등 급격히 대중화되었다. 당시 필리핀 문자통신업자들은 문자통신기술의 한 가지 독특한 특성을 이용하였는데, 농담, 소문, 연쇄 편지들이 문자메시지를 통해 쉽게 전송될 수 있

---

53) Castells etc.(2007: 262-263); Montiel(2006: 115-116); Leadbeater(2008: 236).
54) Leadbeater(2008: 236).
55) 2001년 필리핀 문자메시지 발신료는 음성 전화요금의 1/10이었고, PC는 이동전화 10배 가격이었다. 필리핀 전체 인구 7천만 명 중에 5백만 명이 휴대전화를 소유하고 있었다(Rheingold 2002: 308).

었다.[56]

2) 효순·미선 추모 촛불 집회(2002년)

2002년 월드컵 열기가 가득하던 그리고 지방자치단체장 선거가 있던 6월 13일, 경기도 양주에서 신효순, 심미선 여중생 2명이 미군 장갑차에 희생되었다. 6월 26일, 여중생 범대위(범국민대책위원회) 결성 및 1차 범국민대회가 열렸다. 12월 14일에는 여중생 사건 이후 최대 범국민대회가 열려 전국적으로 약 10만여 명이 집결하였다.

2002년 집회는 평화시위로 진행되었는데, 억울한 여중생의 희생을 추모하면서 가해자 처벌 문제 그리고 한미간 불평등한 SOFA 개정 문제로 이어졌다. 그리고 11월 미군의 무죄 평결 결정이 나면서 단순 추모집회에서 진상조사와 책임자 처벌을 요구하는 시위로 변화하였다.

2002년 우리나라 초고속 인터넷 이용자는 2천만 명 수준이었다. 인터넷을 통한 여론 형성이나 참여 문화가 시작되면서 게시판 문화가 폭발적으로 활성화되었다.[57] 2000년에 오마이뉴스가 창간되었고, 딴지일보, 서프라이즈와 같은 논객 사이트가 본격화되었다.

2002년 촛불의 도화선도 네티즌 '앙마(김기보)'의 제안에 의해 시작되었고, 그에 반응하여 촛불 집회에 참여하지 못한 사람들은 네이트온 메신저의 머릿글을 검은추모리본 '▶◀'으로 바꾸며 동조 의지를 확

---

56) Diamond & Plattner eds(2012: 20-21).
57) 이원태(2010: 201).

산시켰다. 내가 알고 있는 것을 남이 알고 있다는 것을 확인하는 과정을 통해 의제가 확산된 것이다.

3) 대통령 탄핵 반대 촛불 집회(2004년)

2002년에 이어 이 시기의 촛불 집회는 참여 폭발이 이루어졌다. 디시인사이드(DCInside)와 같은 커뮤니티의 적극적인 활동이 이루어졌고, 웃긴 대학[58]과 같은 유머 사이트도 인기를 끌었다.

미디어몹[59]과 같은 대안 미디어나 싸이월드 미니홈피 열풍으로 인해 개인 미니 블로그 형태의 미니홈피가 의제 확산의 가장 강력한 채널로 작동하였다. 이전의 홈페이지나 네이트온 메신저에 이어 미니홈피가 개인 미디어 역할을 수행하며 의제를 확산시킨 것이다.

4) 오렌지 혁명(2004년)

우크라이나 오렌지[60] 혁명은 필리핀이나 우리나라의 촛불집회의 사례가 있긴 했지만 유럽에서는 나름대로 인터넷이나 휴대폰이 큰 역할을 한 혁명으로 평가된다.

2003년 조지아의 장미혁명은 정치부패 비판과 대통령 사임을 요

---

58) http://web.humoruniv.com
59) http://www.mediamob.co.kr
60) 오렌지색은 당시 대선 후보의 상징 색깔이었는데 선거 이전에도 청년들과 정치적 관심이 높은 시민들이 옷이나 장신구 등에 착용하던 색이었다.

구하며 발생했는데 이때 광장에 2만~2만 5천 명 정도의 시민이 모였다. 그러나 당시 조지아의 인터넷 이용자는 전체 인구의 2%, 휴대폰 이용자는 10% 정도여서 ICT 자체가 집회에 영향을 미치기에는 매우 제한적인 구조였다.

반면, 2004년 우크라이나 오렌지 혁명에서 SMS는 정치운동가들이 거짓과 정치 부정에 대해 모은 정보를 공유하는데 기여했다. 당시 우크라이나에서는 전체인구 4,740만 명 중에 380만 명이 인터넷을 사용하여 약 8%의 이용률을 보였으며, 휴대폰 이용자도 많았기 때문에 SMS를 통한 정보 제공이 가능한 상태였다.[61] (2000년만 해도 우크라이나 인터넷 이용률은 0.4%로 20만 명 정도에 그쳤지만 오렌지 혁명 후인 2010년에는 11.5%로 급증하여 5백만 명이 되었다.[62] 부정선거 규탄을 위해 키브(Kiv) 독립광장에 수만 명의 군중들이 모인 것처럼 SMS는 대규모 군중을 모으고 집회를 조정하는 데 큰 몫을 담당했다.[63] 오렌지 혁명으로 전체주의 정부는 무너졌고 정부는 국민의 민주적 반대에 부딪혀 결선 투표를 재실시했다.

2. 홈페이지·블로그 정보 제공

SMS를 통한 정보 제공은 2005년 정도까지 지속되었다. 그 후 인

---

61) Skurtu(2009).
62) Whiteside(2014: 27).)
63) Diamond & Plattner eds. (2012: 20-21).

터넷이 점점 발달하면서 PC통신의 단선적인 텍스트 화면만 보며 갑갑해하던 이용자들은 인터넷이 등장하자 (당시만 해도) 화려한 그래픽 화면을 너무 신기하게 여겼다. 모든 정보를 모아서 한 눈에 보여주는 '포털(portal)'은 각국마다 다양한 형태로 존재했다.

당시에는 야후가 글로벌 포털이었지만 우리나라는 네이버였고, 다른 나라들에서도 각기 고유한 포털이 등장하기 시작했다. 포털 내에 사람들이 모이는 공간은 동호회, 커뮤니티, 클럽으로 불렸고, 이내 블로그와 미니홈피가 등장하면서 그룹 중심의 뉴 미디어뿐만 아니라 개인 미디어의 가능성을 열었다.

블로그나 미니홈피가 나를 드러낼 수 있는 공간이 되었고, 오프라인의 아는 사람들 외에도 온라인에서 만난 많은 인연들과 파도타기를 하며 수많은 네트워크를 형성하였다.

즉 크고(포털), 작은(블로그, 미니홈피) 형태의 홈페이지를 통해 개인 혹은 단체가 모인 커뮤니티가 정보를 발신하기 시작했다. 이 가운데에는 키르키즈스탄처럼 이메일을 통한 반정부 메시지 공유 활동도 활발하게 이루어졌으며, 다양한 단체들의 홈페이지 개설 활동도 활발하게 나타났다.

1) 튤립 혁명(2005년)

2003년 조지아 장미 혁명, 2004년 우크라이나 오렌지 혁명에 이은 구소련권의 세 번째 시민 혁명으로 평가받는 키르키즈스탄의 2005년 튤립 혁명은 독재 정권에 대한 항의로 시작되었으며 결국 대통령 사임을 이끌어냈다.

2002년 키르키즈스탄의 인터넷 이용자는 263,000명 정도였는데 2005년에는 5% 수준까지 늘었다. 저항세력들은 홈페이지[64]를 개설하여 메시지를 전달했으며 그 과정에서 포럼을 통한 토론이나 이메일을 통해 적극적으로 정보를 발신했다.[65]

이메일을 통한 블랙 PR(black PR) 캠페인 등에 대해 정부는 매우 강력하게 탄압했고, 때로는 이메일의 탄압을 우회하여 라디오가 정보 제공의 중요 통로로도 활용되었다.

2) 청바지 혁명(2006년)

유럽에서 가장 억압이 심한 국가 중 하나였던 벨라루스[66]에서는 2006년 3선에 도전한 루카셴코 대통령이 약 85%의 득표율로 당선되었다. 벨라루스는 1994년 구소련에서 독립했고, 체르노빌 원전 사고가 발생한 곳이기도 하다. 루카셴코 대통령은 1994년부터 25년간 재임하여 '유럽에 남은 마지막 독재자'라고도 불렸다.

2006년 3월 19일 대선 당일에 수도 민스크 10월 광장(옥티야 브루스카야)에서 시민 4만 명이 재선거를 요구하며 집회를 하였는데 다음 날에는 7,000명이 모였다(당시 벨라루스 인구는 944만 명이었다).

---

64) http://www.gazeta.kg, http://www.kyrgyz.us, http://www.msn.kg, http://www.Akaevu.net 등(Skurtu 2009: 55).

65) Skurtu(2009: 55-59).

66) 벨라루스 사례는 Shirky(2008: 180-181); 마사아키·김경화(2018: 162-164) 참조.

경찰의 강경 진압으로 광장과 거리에서 쫓겨난 벨라루스 시민들은 인터넷으로 옮겨 라이브저널[67]에서 '바이몹(by-mob)'이라는 온라인 커뮤니티를 만들어 '이니셔티브(Initiative)' 운동을 전개하였다. 또한 이 외에도 플리커와 블로그도 중요 정보 제공원으로 활용되었다.

벨라루스 시민 집회는 플래시몹 성격이 강했는데, 유머 감각과 창의성이 넘치는 창의적인 이벤트, 광장에서 발매 금지 신문을 일제히 읽는 플래시몹, 정부 신문을 읽고 눈앞에서 구겨서 쓰레기통에 버리기, 칼리노프스키 광장에 집결하여 경찰들 앞에서 일제히 아이스크림 먹기, "서로에게 미소를 보이며 옥티아브르스카야 주변을 걸어 다닙시다" 등의 행동을 했다. 이 모든 아이디어는 바이몹 커뮤니티에서의 토론 결과로 나온 독창적 아이디어들이었다.

벨라루스 플래시몹은 학생들의 창의적인 아이디어로 진행되었는데, 그래서 벨라루스 시민 집회 참여자들이 서구 문화를 상징하는 청바지를 선호한다는 의미로 청바지 혁명(Jean Revolution 혹은 Denim Revolution, Cornflower Revolution)이라고도 부른다.

그러나 정부의 탄압은 상상을 초월할 정도였는데, 광장에서 아이스크림을 먹는 어린이까지 플래시몹에 참여한 반정부세력이라며 체포한 것이다. 2006년 이후에도 이런 탄압은 계속 이루어져 특정 양말을 신어도 체포, 승리의 V자를 표현하면 벌금 등에 처하는 「무단시위금지법」을 시행하고 있다. [68]

---

67) 1999년 시작한 라이브저널(LiveJournal)은 블로그, 일기를 쓸 수 있는 오픈소스 기반 서비스로서 33개 국어로 서비스를 제공한다.
68) "벨라루스에서 양말을 잘못 신으면 위험해지는 이유." (BBC코리아 2021.05.10.)

한편, 대선 다음날인 3월 20일 집회가 끝난 후 300여 명의 청년이 10월 광장을 떠날 것을 거부하고 20여 개의 텐트를 치고 광장을 점령했다. 이는 5년 뒤 미국에서 시작된 월스트리트 점령운동의 원형이 되기도 했다.

또한, 앤디 카빈(Andy Carvin) 같은 블로거들과 이튼 주커만(Ethan Zuckerman)처럼 기술이 사회 변화 도구로 이용되는 사례를 취재하는 정치 블로거들이 이 사진들을 다시 유포하기 시작했고 이는 전세계로 확산되었다.

2015년 반복된 부패 혐의에도 불구하고 루카첸코 대통령은 다섯 번째 연임에 성공하였고, 당시에는 반체제 운동이 발생하지도 않았다. 그러나 2020년 80%의 득표율로 또다시 당선된 대선에서는 극심한 시민 저항이 나타났다. 이때 인터넷 모니터링 단체 넷블록스[69]는 벨라루스 전역에서 인터넷 연결이 심각한 방해를 받는 상황 속에서 정보 공백이 발생했다고 밝혔다.

3) 쇠고기 수입 반대 촛불 집회(2008년)

2008년 쇠고기 수입 반대 촛불 집회 기간 동안 어떤 주제에 대해 관심이 있는가를 알아보기 위해 우리나라 대표 포털인 네이버와 다음의 주요 검색어 추이를 분석하였다.[70]

---

69) https://netblocks.org
70) 2008년 기준 자체 조사 결과이다.

네이버의 경우 검색어 서비스에는 두 종류가 있었는데, 하나는 '일간 종합 검색어' 서비스로서 전체적으로 통계를 낸 일반 수치라고 할 수 있고, '일간 급상승 검색어'는 해당 날짜에 갑자기 주목받은 검색어의 순위라고 할 수 있다. 두 서비스 모두 30위까지 제공하고 있는데 일간 종합검색어 서비스를 통해 전체적인 흐름을 알 수 있다면 좀 더 정확한 네티즌의 관심을 나타낸 것은 일간 급상승 검색어라고 볼 수 있다. 다음의 경우는 '일간 이슈 검색어' 서비스를 통해 25위까지의 최고 검색어 순위를 서비스하고 있다. 부분별로 네이버와 다음을 비교해보면 다음과 같다.

첫째, 검색어의 총량과 분포를 보면 총량은 네이버 쪽이 우위였고, 기간은 다음 쪽이 더 길었다. 전체적으로 다음이 네이버에 비해 검색어가 적게 나타났다. 또한 전체 분포에서 네이버가 주요 촛불 집회를 전후로 매우 높게 집중적으로 검색어가 분포되어 있는 반면, 다음의 경우는 꾸준히 관련 검색어가 랭크되어 있고, 또한 기간도 네이버에 비해 15일 정도 길게 나타났다.

둘째, 촛불 집회의 시작을 추적하기 위해 검색 추이를 분석해보니 네이버의 경우 촛불 집회 관련 검색어의 시작은 광우병과 탄핵 시위로 나타났으며, 다음의 경우는 네이버보다 하루 늦은 5월 2일부터 검색이 시작되었지만 단지 광우병과 시위에 대한 관심보다는 인터넷 종량제 혹은 구체적인 사망 청년이나 자료 등에 더 많은 관심을 보이며 진행되기 시작한 것으로 나타났다. 특히. 네이버의 '일간 급상승 검색어'를 분석해보면, 촛불 집회의 시작이 PD 수첩의 광우병 방송에 의해 시작되었다는 것이 좀 더 분명하게 나타나는 것도 특징이다.

셋째, 검색어의 종류도 다르게 나타났는데 네이버는 검색어 '이명박'이 많았고 다음은 정치 외 인물과 사건 중심의 검색어가 많았다. 네이버의 경우는 검색어 종류에 있어서 이명박 개인에 관한 검색어와 촛불 관련 검색어 그리고 광우병에 관한 검색어가 대부분이었으며, 다음에 비해 그렇게 다양한 검색어가 나타나지 않았다는 것이 특징이다.

그러나 다음의 경우는 이명박 개인에 관한 검색어보다는 촛불 집회나 광우병 관련 검색어가 많았으며, 특이하게도 정선희의 라디오 방송 발언 사건 관련 검색어가 최다 검색어 3위에 랭크되어 있다.

넷째, 검색어의 길이의 차이도 나타나 네이버는 단어 중심인 반면 다음은 문장 중심이었다. 다음은 네이버보다 검색어의 길이가 상대적으로 길다.

일례로 네이버에는 나타나지 않는 '주저앉은 소', '공영방송 힘내세요', '세종로 모래부족', '폭력 경찰 물러가라' 등의 검색어는 일반적으로 검색어라는 개념이 '단어' 개념임을 감안할 때 관심사가 구체적이지 않다면 나타날 수 없는 검색어의 특징을 보이고 있다. 이는 다음을 사용하는 네티즌들의 촛불 집회에 대한 관심사가 매우 구체적이고 명확하다는 것을 나타낸 것으로 보인다.

다섯째, 검색어의 일반적 특징으로서 다음에는 특이하게도 시간 관련 검색어가 매우 자주 나타났다. 특히 집회의 시시각각 변동사항에 관한 검색어가 많은 것으로 나타났는데, '21일 시청', '6월 21일 시청', '22일 촛불시위' 뿐만 아니라 '3시 경복궁', '오후 3시 경복궁', '오늘 3시 경복궁' 등의 검색어가 그것이다.

이는 집회에 참여한 다수가 아고리언이라는 대부분의 분석이 맞다는 것으로 볼 수 있으며, 다음을 사용하는 네티즌은 집회의 실시간 상황을 체크하기 위해 다음의 정보를 신뢰할 뿐만 아니라 실시간 상황 체크 자체를 특히 궁금해한다는 것을 알 수 있는 데이터라 할 수 있다.

그 외에 특이한 검색어로는 '민주주의는 죽었다', '천민 민주주의' 등이 있었다. 민주주의는 죽었다라는 말은 일반인이 모르는 검색어라고 보기에는 어려운 검색어이다. 또한 100분 토론의 주성영 의원의 발언으로 유명해진 천민민주주의 경우는 일반인이 모를 수 있는 단어이긴 하되, 특정 TV 프로그램을 시청한 사람만이 궁금해 하는 단어일 수 있다. 어쨌든 두 단어 모두 집회에 대한 네티즌들의 지대한 관심을 반영한 가장 특징적인 검색어라고 평가할 수 있다.

또한, 네이버의 검색어에 비해 다음의 검색어에는 초등생 연행이나 여고생 연행 등에 관한 검색어가 다수 포함되어 있다. 이는 다음을 사용하는 네티즌들이 주로 학생층이라는 것을 유추할 수 있게 하는 데이터이다.

박근혜의 한나라당 대선후보 경선 패배 승복 기자회견에서 제시된 '백의종군'이라는 단어가 네이버에서 한때 실시간 검색어 1위를 한 것에 대해 혹자는 네이버의 네티즌은 전부 초등학생들이다라는 평가를 하기도 하였는데 이렇듯 검색어의 종류를 통해 포탈의 주 사용자에 대해 유추 해석이 가능할 수도 있다.

시기별로 보았을 때, 네이버의 경우 촛불 집회 관련 검색어가 하나도 랭크되지 않은 날은 전체 53일 가운데 11일로 나타났고, 다음의 경우는 전체 67일 가운데 24일이나 촛불 집회 관련 검색어가 나타나지 않았다. 그렇다면 역으로 네티즌들이 주로 검색한 날짜는 네이버의 경우 5월 초, 6월 초, 다음의 경우는 5월 초와 6월 초 외에도 6월 22일과 26일에 관심도가 급상승하고 있다. 물론 6월 10일과 7월 7일의 대규모 오프라인 집회 기간에 맞춰 네티즌의 관심사가 높아졌다는 것은 당연한 결과이겠지만, 한편으로는 일상적인 관심보다는 미디어나 주요 사건이 일어날 때에만 촛불 집회에 대한 관심이 높아진 것이라고 평가할 수도 있다.

추가적으로 검색어 순위 가운데 촛불 집회 관련 검색어가 1위를 한 경우를 조사한 결과 네이버의 경우는 김밥할머니 폭행, 여고생 실명, 여중생 폭행, 서강대녀, 광우병 시위, 김지하 등이 1위를 한 검색어였고, 다음은 어느 의경의 눈물, 정선희 사퇴, 서강대녀, 82쿡 닷컴이 1위를 한 검색어이다.

4) 인디그나도스 운동(2011년)

아랍의 봄에 자극받은 스페인 마드리드의 학생들은 2011년 3월 '미래 없는 청년들(Juventud Sin Futuro)'이라는 단체를 결성하였다. 그들의 제안으로 4월 7일 반(反)격차 시민 집회가 마드리드에서 처음 열렸다. 집회 주도 청년들은 지방 선거일 5월 22일을 1주일 앞둔 15일에 집단 행동을 일으킬 것을 제안하였다(이 때문에 인디그나도스(Indignados, 분노한 사람들) 운동을 5·15운동이라고 부르기도 한다).[71]

스페인 전국 50여 개 도시에서 일제히 대규모 집회가 벌어졌다.

---

71) 인디그나도스 운동에 대해서는 마사아키·김경화(2018: 101-104) 참조.

마드리드 5만 명, 바르셀로나 15,000명, 그라나다 5,000여 명이 모였고, 전국의 참가자는 13만 명에 달했다. 참여자들은 민주적 투명성 결여, 정치 부패, 공공서비스 삭감 등을 비판했으며, 집회의 주요 구호는 '우리는 정치인과 은행가들의 손에 내맡겨진 상품이 아니다'였다.

시민 집회 후 마드리드에서는 참가자 일부가 경찰의 난폭한 진압에 항의해 푸레르타 델 솔 광장에 머물며 귀가를 거부했으며 다음날 사람들이 합류하면서 300여 명의 점령 투쟁이 시작되었다.

시위만으로는 부족하다고 느낀 일부 참가자들이 광장에서 정치권력과 자본에 대한 사회·정치·경제·문화적 저항의 새로운 방법으로서 '광장 캠핑', 즉 '광장을 차지하라(Take the square)'라는 운동을 시작한 것이다. '광장 캠핑'은 어떤 특정 정치집단에 의해 대변되거나 좌우되지 않는 다양한 사람들의 운동을 지향하여 이후 발생한 2011년 월스트리트 점령운동에 영향을 미쳤다.

스페인 마드리드 학생들은 200여 개 소규모운동단체가 연합한 디지털 플랫폼 '데모크라시 레알 야(Democracia Real Ya, '지금 진짜 민주주의를'이라는 의미로서 DRY로도 알려져 있다)'라는 웹사이트를 개설하였다.

60개 도시로 확대되어 집회가 열렸다. '데모크라시 레알 야' 사이트 국제면에 매일 광장에서 진행되는 총회 기록이 올라왔고, 유스트림(Ustream)[72]으로 생중계되어 전세계에 공유되었다.

5) 월스트리트 점령운동(2011년)

월스트리트 점령운동의 시작은 벤쿠버에서 발행하는 잡지 '애드버스터스(Adbusters)' 발행인 칼레 라슨(Kalle Lasn)이 2011년 7월 13일 잡지에 '월스트리트를 점령하자. 9월 17일에 텐트를 지참할 것'이라고 올린 글에서 시작되었다. 그의 글은 스페인 인디그나도스와 중동 아랍의 봄에 영향을 받아 작성된 것이었다.

빈부 격차와 청년 실업률 증가에 저항하여 9월 17일 '월가를 점령하라', '우리는 99%이다'라는 구호로 미국 뉴욕 주코티 공원을 점령한 시위대 중 100여 명이 노숙투쟁하면서 점령 운동이 시작되었다.

이후 은행 반대 직접 행동(10월 15일), 대형은행 계좌폐쇄 운동(10월 16일), 일부 대기업 최고경영자에게 항의 편지를 직접 전달(10월 28일), 대형은행으로부터 지역 공동체 은행으로 계좌 이동 운동(11월 5일), 경찰이 주코티 공원 점거 인원 강제 해산(11월 15일), LA 등에 잔류하던 시위대 해산(11월 30일), 대기업 불매운동(11월 24일) 등으로 이어지면서 2012년 5월까지 9개월간 지속되었고 전세계적으로도 확산되었다.

'광고 때리기'를 통한 기업 비판, 상업주의와 소비주의에 대한 비판을 담아 1990년대 중반부터 세계적으로 전개되고 있는 '문화 간섭

---

72) 유스트림은 2007년 3월 미국에서 시작된 인터넷 개인 방송 서비스이다. 창업주는 존 햄, 브래드 헌스터블, 그리고 귤레 페헤르이다. 버락 오바마가 2008년 미국 대통령 선거 유세에 활용하면서 널리 알려졌다. 영어, 일본어, 한국어, 스페인어, 프랑스어, 러시아어로 서비스되며 현재의 서비스 명칭은 'IBM 클라우드 비디오'이다. (위키백과)

(culture jamming)'을 실천하는 애드버스터스와 웹사이트는 전세계에 구독자를 확보하고 있었고, 그렇기 때문에 이 메시지는 전세계적으로 큰 반향을 일으켰다.

월스트리트 점령운동[73]에서 뉴욕시 총회 웹사이트는 독자적인 소셜 미디어 기능을 갖추고 있을 뿐만 아니라, 다양한 소셜 미디어와 연동할 수 있도록 설계되었다. 주코티 공원에 공생과 자치를 위한 공간이 만들어졌던 것처럼 인터넷에서도 독자적인 운동공간이 형성된 것이다.

광장에서 쫓겨난 캠핑족들은 온라인 공간에 정착하여 토론하고 계획을 수립하고 가두집회를 조직했다. 온라인 공간에 사이버 텐트촌, 사이버 자유광장이 생겨난 셈이다.

---

73) 마사아키·김경화(2018: 92-97).

소통형 정보 제공:

의견을 나누자

2000년대 중후반이 되면서 개인을 중심으로 한 네트워크 확장 현상은 소셜 미디어와 스마트폰이라는 새로운 미디어와 기술에 의해 '연결'이라는 가치를 특징으로 갖게 되었다. 누구나 갖고 있는 스마트폰으로 트위터나 페이스북을 하게 되면서 블로그나 미니홈피 그리고 커뮤니티 서비스를 통해 연결되던 개인보다 개인-개인의 연결도가 더 높아지게 되었다.

2000년대 중반 이전에는 온라인 공간이라 해도 전체 속의 개인이었다면 2000년대 후반에 접어들면서는 개인이 네트워크 전면에 부각되는 현상이 더 강하게 나타난 것이고 그 흐름은 모바일 메신저나 다른 신기술을 통해 현재까지 이어지고 있다.

그러다 소셜 미디어가 확산되면서부터 트위터 메시지가 페이스북으로 그리고 페이스북 메시지가 트위터로 혹은 트위터나 페이스북에 유튜브의 중요한 동영상 링크들이 연결되었다.

소셜 미디어가 집단 행동과 의제 폭발의 촉매 플랫폼(catalystic platform)으로 작동한 것이다. 트위터의 경우 2007년에는 1분기 평균 50만 개 트윗(tweet)이 생성되었는데, 2014년 1/4분기에는 240억 개로 급증하였다.

그러나, 소셜 미디어를 미디어로서 시민 집회의 정보 생산지로 평가하는 분석이 있는가 하면 시민 집회 국가의 내정에 간섭하기 위한 미국의 의도적 지원이나 IT 서비스업체의 상업적 목적의 지원이 더 본질적이라는 정치경제적 분석이 있기도 하다. 또한 페이스북이나 유튜브의 알고리즘에 근거한 콘텐츠 추천이 집회를 과도하게 격화시키고 있다는 비판도 있다. 그 모든 정치적 변화 과정에 아무런 책임도 지지 않은 채 말이다.

한편, 대표적인 소셜 미디어로서 트위터와 페이스북은 속성이 조금 다른데, 트위터가 속보 전달처럼 쉴 새 없이 의제를 던지는 미디어라면, 페이스북은 속보성보다 의견 수렴 기능이 강조된 미디어이다. 트위터가 자기 정체성을 수렴할 수 있는 정보가 매우 분산적으로 제시되는 것에 비해 페이스북에서는 자기 정체성이 수시로 나타나 프로파일링(profiling)이 더 쉽게 이루어질 수도 있다.[74]

또한, 소셜 미디어의 등장으로 인해 정보 생산지를 분명하게 특정하기 어려워졌다. 딱히 어느 곳이라고 할 수 없을 정도로 동시다발적인 네트워크 증폭이 이루어졌기 때문이다. 이전의 휴대폰 메시지나 블로

---

74) 트위터가 '9시뉴스'와 같은 느낌이라면 페이스북은 '100분 토론'과 같은 느낌이라는 의미이다(조희정 2011: 313).

그를 통한 시민 집회의 정보생산도 네트워크 공간에서는 위력적이었지
만 소셜 미디어를 통한 정보의 국제적 파급력은 훨씬 더 컸다.

그리고 소셜 미디어로는 링크가 가능하기 때문에 동영상 전달이
편리했다는 점도 이전의 상황과 차이가 있다. 텍스트만으로 구성되는
정보보다 동영상이 함께 연결된 정보의 메시지 전달력이 월등했기 때문
이다.

무엇보다 소셜 미디어를 통해서는 이른바 타임라인(timeline)을
통해 실시간으로 나와 같은 생각을 하는 사람들의 생각을 직접 볼 수
있다는 것이 가장 큰 파급력의 원인이라고 할 수 있다.

1. 모바일 메신저 정보 제공

1) 우산 운동(2014년)

2014년 홍콩 우산 운동은 홍콩 행정장관 선거제도에 대한 논란
에서 시작되었다. 2014년 8월 30일 중국 전국인민대표회의가 18세 이
상 성인이면 누구나 투표할 수 있다는 보통선거를 핵심 내용으로 행정
장관 시행방안을 발표했는데 여기에 후보추천위원회의 추천방식에 대
해 홍콩 시민들이 강력한 이의를 제기한 것이다.

9월 22일, 조슈아 웡(黃之鋒)은 대학생 동맹휴업 투쟁을 지원하고
9월 26일 중고등학생 휴업 투쟁을 주도했다. 범민주파 시민단체 '센트
럴을 점령하자(Occupy Central)'는 학생시위의 열기 때문에 10월 1일로

예정했던 도심 점거를 9월 28일로 앞당겼다. 9월 26일 5만 명, 9월 28일에 6만 명이 참여했으며 이후 매 시위마다 10만 명 이상 참여했다.

9월 28일 우산으로 경찰의 최루액 스프레이와 최루탄 가스에 저항하면서 우산 혁명으로 불리게 되었다. 우산은 햇볕을 피하여 그늘을 제공하는 쉼터가 되거나 시위 슬로건을 적는 현수막이 되었는데 경찰이 우산을 찢으면 다시 누군가가 새로운 우산으로 교체했다. 12월 15일 시위는 종료했고 진정한 민주화 쟁취에는 실패했으나 1989년 천안문사태 이후 가장 큰 규모의 시위로 평가되었다.

그 결과 홍콩에서는 우산 혁명 대신 우산 운동이라는 표현을 쓰게 되었다. 2014년 집회는 실패했고 2017년 7월 제5대 홍콩 행정장관으로 오른 캐리 람이 그 결과이기 때문이다.[75]

시민 기술 차원에서 우산 운동에서의 ICT 활용을 살펴보면, 시민들은 인터넷 검열과 차단을 피해 '파이어챗' 모바일 채팅앱을 통해 결집했고, 트위터로 집회를 생중계했으며, 시위 현장에서 핸드폰 충전을 지원했다. 소셜 미디어 프로필 사진은 노란 리본(국제적인 참정권 상징)으로 바꾸었다.

정부는 해시태그와 프로필 (우산) 사진 검열, 인스타그램 서비스 차단, 시위 시작 후 시나웨이보, 바이두의 시위 관련 내용 삭제, 텐센트 모바일 메신저, 위챗에서도 관련 메시지 삭제 등 강력한 규제를 했다. 그럼에도 불구하고 진행 기간인 2014년 9월 26-30일까지 5일간 트위터에서 발신된 집회 관련 메시지는 130만 개에 달했다.

---

75) "홍콩 블랙 세대의 타는 목마름으로." (시사IN 2019. 7. 1.)

*출처: "'926', '8964', '689'···홍콩 '우산 혁명' 암호코드는?."(노컷뉴스 2014.10.1.)

[참고] 파이어챗(Firechat)

2014년 3월 미국 오픈 가든(Open Garden)이 개발한 오프라인 메시지앱 파이어챗은 2014년 인터넷 접근이 차단된 이라크에서도 위력을 발휘했다.

내전으로 인해 수니파 무장단체가 북부 지역을 장악한 후, 정부는 소셜 미디어를 차단했는데, 2014년 6월, 이라크에서는 1주일 만에 4만 건 이상 파이어챗이 다운로드 되었고, 파이어챗에 개설된 대화방 75,000개 가운데 5일 만에 7,000여 개 대화방이 만들어졌다.

이후, 파이어챗은 홍콩, 2014년 12월 러시아의 푸틴에 대한 저항시위에서도 이용되었고, 2016년 우리나라 촛불 집회에서도 인기를 끌었다.

파이어챗의 주요 기능으로는 주변에 있는 모든 이에게 즉시 메시지와 사진 전송, 암호화 기술로 전송자와 수신자만 읽을 수 있는 비공개 메시지 전송, 소수 또는 수천 명의 사용자와 동시에 아무 주제나 논의할 수 있는 실시간 채팅방 즉각 생성, 메시지에 해시태그를 입력하여 자동으로 새로운 채팅방 생성, 공개 대화에서 가장 인기 있는 메시지 보기, 오프라인과 온라인으로 공개 채팅방 생성 및 비공개 메시지 전송 가능, 인터넷 연결, 휴대폰 서비스 지역 또는 데이터 요금제와 상관없이 작동, 약 61미터 내에 있는 기기 간 직접 연결, 몇 명만 연결되어도 대규모 네트워크 구축 가능, 전화번호 수집 없음, 익명으로 개설 가능 등을 들 수 있다.

가난한 사람들의 인터넷, 매시 네트워크라고도 불리는 파이어챗은 주로 인터넷을 이용할 수 없거나 무선 연결이 어려운 경우에 효과가 더 크기 때문에 자연재해나 경기장, 전시장, 비행기 등에서 이용될 수 있다.

2019년 6월, 공공 소란 공모 혐의로 체포된 이반 이프(Ivan Ip)는 텔레그램 그룹 채팅으로 3만 명 이상의 사람과 대화를 공유하여 홍콩 입법회 건물 봉쇄와 인근 도로 차단을 계획했다.[76] 그런데, 시민 집회 발생 후 처음 체포한 사람이 거리에서 경찰과 격렬하게 맞선 사람이 아니라 온라인에서 집회를 도모한 사람이라는 것이 특징이라는 분석도 있다.[77]

시민들은 정부 감시 때문에 페이스북, 트위터는 물론 교통카드와 쇼핑에 주로 이용하는 옥토퍼스(Octopus) 카드 이용까지 자제하였다. 그 외에도 와이파이를 사용하지 않거나 휴대전화를 집에 두고 오지 않는다거나, 신분증, 여권, 신용카드를 호일로 싸서 두라는 시민행동강령도 제시되었다.

학생과 시민들은 2017년 행정장관 선거의 완전한 직선제를 요구하며 79일 동안 평화시위를 벌였다. 대학생들은 동맹휴업을 했고, 중고등학생도 휴업에 참여했다. 홍콩의 시민단체들은 '센트럴을 점령하라' 운동을 다시 전개했다. 그러나 중국 정부의 강경한 대응과 시위 장기화로 인해 우산 운동은 미완으로 막을 내렸다.[78]

---

76) 2018년 3월 기준으로 월 실사용자(active user) 2억 명인 텔레그램은 2019년 6월 홍콩 블랙 혁명의 이 사건 이후 중국발 대규모 디도스(DDoS) 공격으로 서비스에 차질을 빚기도 했다.

77) "From Facebook and Twitter to Telegram, WhatsApp and Signal: how protest technology has evolved since Occupy Central."(South China Morning Post 2019. 6. 13)

78) 송인주(2020: 15-16).

2) 블랙 혁명(2019년)

2016년 9월 4일 홍콩 입법회 선거에서 우산 운동의 주요 참여층인 청년 세력이 대거 당선되었다. 우산 운동에서 대학생 연합 리더였던 네이선 로가 23세로 역대 최연소 입법회 의원으로 당선되었으며, 투표율 또한 58%로 1997년 홍콩 반환 이후 최고 참여율을 보였다. 실패한 시민 혁명이었다는 평가에도 불구하고 정치 의식을 갖게 된 청년층이 등장한 것이다.[79]

우산 운동 이후 5년만인 2019년 전개된 블랙 혁명(반송중운동(返送種運動), '홍콩 항쟁'이라고도 부른다.)[80]은 범죄인 인도 조례(extradition bill)[81] 폐지 요구로 시작되어 5개월 이상 지속되었다. 최초 집회일인 6월 9일, 주최측 추산 100만 행진에 이어 대규모 행진과 시위는 계속되었고, 8월 27일을 기점으로 2014년에 79일간 계속된 우산 운동보다 더

---

79) 우산 운동의 핵심리더 조슈아 웡(Joshua Wong)은 2011년 17세 학생운동가로서 중고등학교(세컨더리 스쿨) 학생운동단체 학민사조(學民思潮, Scholarism)를 이끌며 국민교육과목 필수과목 지정에 반대하여 12만여 명이 참여한 반대운동을 주도하고 도입계획을 철회시킨 바 있다.

80) 블랙 혁명에 대해서는 송인주(2020), 홍지연(2019) 참조.

81) 범죄인 인도 법안 제정 시도는 2018년 2월 홍콩 출신 남성이 대만에서 여자 친구 살해 후 홍콩으로 도주한 사건이 발단이었다. 대만은 해당 남성의 송환을 요구했지만 홍콩 정부는 대만과 '범죄인 인도 협정'을 체결하지 않았기 때문에 협조하지 못했다. 이에 홍콩 당국은 2019년 7월까지 범죄인 인도 법안을 통과시킬 것을 입법회에 촉구했다. 그러나 홍콩 시민들은 중국 하수인 노릇을 하는 홍콩 당국이 홍콩 반중국 인사를 중국으로 송환할 수 있는 여지를 준다고 반대하게 된 것이다(송인주 2020: 13).

오래 지속된 시위로 기록되게 되었다.

〈그림 2-4〉 홍콩 블랙 혁명(2019년)

＊출처: "Hong Kong protests: how the city's Reddit-like forum LIHKG has become the leading platform for organising demonstrations."(South China Morning Post 2019.8.3.)

블랙 혁명의 요구사항은 첫째, 송환 조례 공식 철회, 둘째, 시위 및 시위대에 대한 폭동 및 폭도 규정 철회, 셋째, 경찰 폭력 조사를 위한 독립위원회 구성, 넷째, 체포 시위대 석방 및 불기소, 다섯째, 행정장관 직선제였다.

초기의 평화롭고 비폭력적이던 시위는 정부의 배후설 제기와 강경 진압 과정에서 점점 더 폭력적으로 변했다. 700여만 명의 홍콩 전체 인구 가운데 200만 명이 참여한 대규모 집회로 이어지면서 정부는 최루탄과 물대포 진압, 온라인 감청, 시민 정보 감시를 했으며 캐리 램(Car-rie Lam) 행정장관은 시위대를 '조직화된 폭도(organising a riot)'라고 규정했다. 2019년 연말 경찰 공개 자료에 의하면 6,000명 이상이 체포됐고 최루가스는 16,000회 발사되었다. [82]

시위 과정에서는 시위 관광(Protest Tour)을 제공하는 홍콩 프리투어(HongKong Free Tour) 여행사가 있어서 주목 받기도 했는데 이들은 2019년 10월 4일 이 상품을 발표하면서, 관광객이 안전한 거리에서 길을 따라 걸으면서 시위에 참여하는 것이 아니라 관찰하며 홍콩 상황에 대해 안내 받는 일종의 다크 투어리즘(Dark Tourism)이라고 설명했다. [83]

중국 인권변호사 출신 천추스는 혁명 현장을 취재하면서 '폭도들의 시위'라는 중국 당국의 설명과 달리 대부분 평화적으로 진행되고 있다는 영상을 중국판 트위터라 할 수 있는 웨이보에 올렸지만 이후에 그의 웨이보 계정은 삭제되었다. 이에 천수스는 웨이보 활동이 불가능해지자 유튜브와 트위터로 정보를 제공했다. [84]

한편, 2019년 블랙 혁명 기간 동안 시민들이 주로 사용한 모바일 메신저는 텔레그램이었다. 텔레그램은 왓츠앱(WhatsApp)이나 아이메시지(iMessage)와 같은 다른 앱에 비해 중국 정부의 감시를 피해 자유롭게 사용할 수 있는 앱으로 평가되었다.

블랙 혁명 시작 후 텔레그램 앱 다운로드가 급격히 증가되었다.

---

82) 송인주(2020: 13).
83) "논란의 홍콩 시위관광 만든 속내는 따로 있다."(한국일보 2019. 12. 12.)
84) "우한 폭로 시민기자 600일 만에 나타나, 많은 일 겪었다."(뉴스 1 2021. 10. 3.)

기존에 홍콩에서는 대부분 왓츠앱을 사용했지만 신상정보 유출 문제 때문에 텔레그램 이용도가 급증한 것이다(2019년 말 기준으로 전세계 텔레그램 이용자는 3억 명이다).[85]

2. 새로운 의제 설정 방식, 해시태그

정보 제공은 특정 서비스뿐만 아니라 해시태그(hashtag) 같은 주관적 주제어 작성을 통해 이루어지기도 한다. 2007년 트위터에서 처음 이용되기 시작하여 시민 집회에서는 2009년 이란 그린 운동부터 정치적 확산에 활용된 해시태그는 고유명사뿐만 아니라 감성 기반의 강력한 주관적 주제어를 설정하여 네트워크 공간에서 효율적으로 메시지를 전달했다.[86]

다양한 소셜 미디어에서 가장 기본적인 의제 설정방식으로 정착한 해시태그는 과거 집회에서 통상적으로 사용되던 장문의 대자보나 의견서와 다른 온라인 시대의 소통방식이며, 그 형태의 간결성에 작성자의 주관성이 깊게 반영된 매우 창의적인 의제 설정 방식이다.

즉, 해시태그 의제 설정은 누군가 장문의 계몽적인 메시지를 일방적으로 1대 다(多)로 전파하는 방식이 아니라, 누군가'들'의 (때로는 감

---

85) 장민영. "홍콩 시위를 이끄는 텔레그램의 세 가지 기술적 특징."(테크니들 2019.11. 24.)

86) '#' 기호를 통해 주제별로 묶는 용도로 등장한 해시태그는 하루 1억 건이 넘게 활용되며 다양한 분야에서 쓰이고 있다.

정적이고 때로는 사건을 고발하는) 단문의 아이디어가 온라인 공간에서
공명과 공감을 일으켜 이슈의 네트워크를 형성하는 수평적 전파 과정
이라는 특징이 있다.

이제는 트위터뿐만 아니라 페이스북, 유튜브 및 각종 소셜 미디
어에서도 해시태그는 기본적인 콘텐츠 표기 방식으로 널리 활용되고
있다.

2009년 그린 운동에서 이란인들에게 인기 있는 무료 소프트웨어
Tor는 전세계적으로 멀티플레이를 통한 트래픽을 암호화해 익명성을
보장하며 정부의 차단을 막았다.[87] 이 시기에 가장 많이 소통된 해시태
그는 '#iranelection'이었다.

〈그림 2-5〉 2009년 이란 그린 운동 기간 동안 '#iranelection'의 도시별 트윗 분포

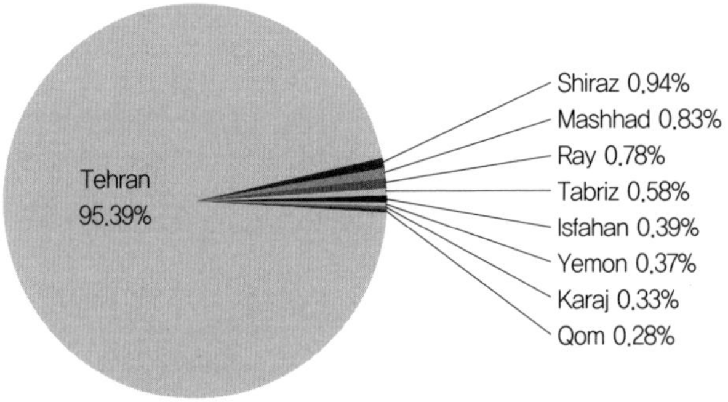

Tehran 95.39%

Shiraz 0.94%
Mashhad 0.83%
Ray 0.78%
Tabriz 0.58%
Isfahan 0.39%
Yemon 0.37%
Karaj 0.33%
Qom 0.28%

*출처: http://blog.sysomos.com/2009/06/21/a-look-at-Twitter-in-iran(검색일: 2011.12.13)

---

87) Diamond & F. Plattner eds. (2012: 26, 216).

민주주의는 기술을 선택한다: 세계 시민 집회와 시민 기술

2011년 아랍의 봄 기간 동안 튀니지의 시디부지드 지역 사태를 나타낸 '#sidibouzid' 관련 트윗은 12월 27일 하루 동안에만 시간당 2만 8천 개씩이 생성되었다.

시소모스(Sysomos)가 조사한 이집트 혁명 당시의 해시태그 분포를 보면 주로 일시(1월 25일, 1월 28일, today), 지역 및 위치(타히르, 카이로, street), 인물(호스니, 무바라크), 매체(알 자지라, 타임, 인터넷, ajenglish, ajarabic, 뉴스) 등이 주를 이루고 있음을 알 수 있다(〈그림 2-6〉 참조).

〈그림 2-6〉 이집트 혁명 당시의 트위터 해시태그 분포

*출처: Mark Evans(2011.1.31.)

혁명 과정에서 나타난 주요 해시태그로는 '#bouazizi', '#sidibouzid', '#tunisia', '#egypt', '#tahrir', '#censorship', '#mubarak', '#cairo', '#jan25'(이집트), '#Feb3'(예멘), '#Feb5'(시리아), '#Feb12'(알제리), '#Feb14'(바레인) 등이 있다. 이는 시민들이 자신의 집단 행동에 대한 정보 공유와 집회 사건을 대외적으로 알리거나 집회 정보를 얻을 수 있는 매체로서 트위터를 이용하고 있다는 것을 보여준다. [88]

2011년 월스트리트 점령운동의 '함께 점령' 페이스북 그룹은 'takethesquare' 그룹과 함께 트위터 해시태그 '#HowToOccupy', '#HowToCamp'를 만들어 전세계에 운동이 확산되도록 하였다. [89]

메시지와 함께 공개된 해시태그 '#occupywallstreet'는 급속히 소셜 미디어에서 공유되었고, 9월 15일에는 페이스북 페이지 'OccupyWallST.org'가 개설되었다. 이외에도 occupywallst.org, http://www.occupy.com/tag/new-york-city-general-assembly 등의 웹사이트가 생겼고, 각 주체를 통합하기 위한 페이스북 페이지 http://www.facebook.com/OccupyTogether가 생겼다. 이어서 http://www.occupytogether.org, takethesquare.net 등이 생겼다. 최초 집회 이후 한 달 동안 점령 운동 관련 페이스북 페이지는 120개를 넘었고, 트위터 해시태그는 500개가 만들어졌다.

2012년 멕시코의 정치 쇄신 요구 '나는 132번째다(#YoSoy132)'

---

88) 조희정(2011: 324).
89) 이항우(2012b: 265).

운동은 해시태그 그 자체가 운동의 명칭이 되었다.

2013년 터키 게지공원 저항(Turkey's Gezi Park protests)은 게지공원을 없애고 쇼핑센터를 짓겠다는 계획에 항의하여 5월 28일부터 시작하여 5월 30일 경찰이 최루탄과 물대포를 쏘면서 시위대가 증가했다.

트윗 정보 제공과 해시태그 '#direngeziparki', '#occupygezi', '#Taksim', '#occupytaksim'을 중심으로 확산되었다.

2004년 오렌지 혁명에 이어 2013년 말, 또다시 시민 집회가 발생

〈그림 2-7〉 이스탄불 근처의 '#occupygezi', '#direngeziparki' 관련 트윗의 확산 현황

2013년 5월 31일

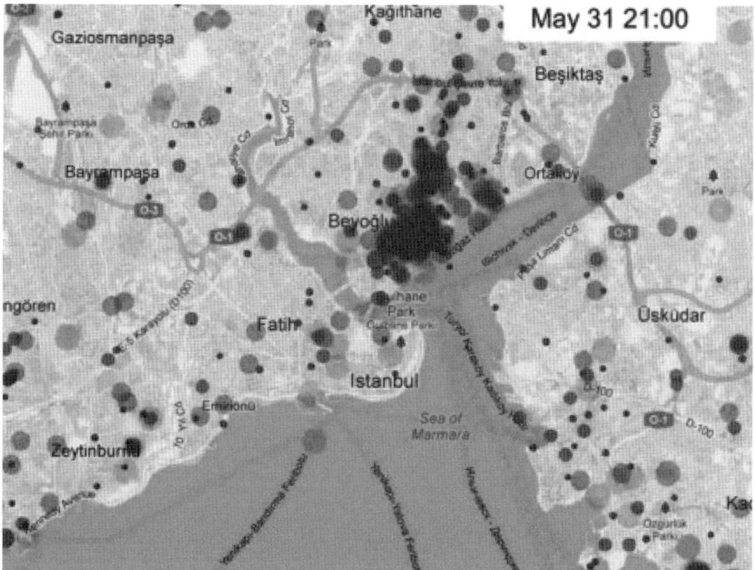

*출처: https://www.youtube.com/watch?v=oXW3WVeMC64

한 우크라이나는 유로마이단이라는 해시태그(#Euromaidan)[90]를 통해 집회가 확산되었는데, 당시 EU 통합을 지지하는 메시지로 해시태그를 사용했다.

　2016년 박근혜 대통령 하야 촛불 집회에서 온라인 공간의 2016 촛불 집회를 추동한 첫 출발점은 트위터와 인스타그램의 해시태그였다. '#그런데 최순실은?'(2016년 10월 7일 SBS 김형민 PD가 페이스북을 통해 이 해시태그 붙이기 운동을 제안), '#그러니까_탄핵합시다', '#나와라_최순실', '#내려와라 박근혜', '#닥치고 탄핵', '#당장 탄핵해', '#박근혜 퇴진', '#박근혜 하야', '#촛불 집회', '#특검 힘내라', '#하야하라', '#하야해_박근혜'와 같은 소셜 미디어 게시자 지정 주제어인 해시태그는 딱딱한 고유명사의 나열이 아니라 게시자의 생각을 감성적 혹은 주관적으로 명료하게 표현할 수 있는 짧고 강렬한 단축 문장 형식으로 네트워크에서 확산되었다.

〈그림 2-8〉 김형민의 페이스북 해시태그

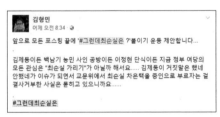

＊출처: https://www.facebook.com/88sanha?fref=ts

---

90) 유로마이단이라는 용어는 유럽을 지칭하는 유로(Euro)와 시위 중심 광장인 독립광장의 우크라이나 이름 Maidan Nezalezhnosti의 마이단(Maidan)을 합친 것이다.

〈그림 2-9〉 2016 촛불 집회의 해시태그 유통량

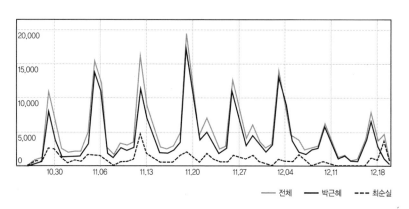

*출처: 테크엠·코난테크놀로지(2016.10.24.-12.20., 테크엠 2017.1.6. 보도자료)

〈그림 2-10〉 2016 촛불 집회의 주요 해시태그 연관어

*출처: 테크엠·코난테크놀로지(2016.10.24.-12.20., 테크엠 2017.1.6. 보도자료)

3. 소셜 미디어 정보 제공

1) 쇠고기 수입 반대 촛불 집회(2008년)

2002년의 텍스트 중심 정보 제공, 2004년의 이미지 중심 정보 제공에 이어 2008년 미국산 쇠고기 수입 반대 촛불 집회에는 아프리카 TV, 오마이뉴스, 진보신당 칼라TV 등을 통한 1인 미디어 생중계('카메라는 화염병보다 강하다', 거리 저널리즘 등으로 평가됨.) 등 (TV, 신문, 라디오와 같은 매스 미디어가 아니라) 대안 미디어로서 개인미디어가 활발하게 정보를 제공하였으며, 동영상이 강력한 영향을 미치기 시작하였다.

〈그림 2-11〉 2008 촛불 집회의 중계방식

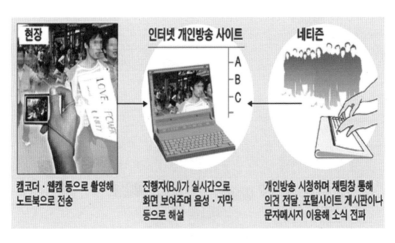

＊출처: 중앙일보(2008.5.14.)

또한, SMS를 통해 현장 상황을 실시간으로 전달하였으며, 촛불 아이콘(실타래), 메신저의 항의 대화명 등 온라인 저항도 활발하게 나타났다.[91]

〈표 2-1〉 쇠고기 수입 반대 촛불 집회의 ICT 활용 관련 주요 사건(2008.4.15.-7.8.)

시기	주요 내용
4월 29일	• MBC PD 수첩 광우병 위험성 관련 방송 – 5월 9일 청와대는 MBC PD 수첩을 상대로 민형사소송 의사 발표 – 네티즌들이 아고라에 소송반대 서명운동 개설 – 5월 13일 2차 방송
4월 30일	• 포털 [다음]의 '아고라'에 '미국 쇠고기 수입금지 특별법 청원' 개설, '이명박 대통령 탄핵 청원' 개설(2008년 4월 6일, 개설자 ID '안단테'(고 2)) – 그 외에 '미국산 쇠고기 수입을 추진하는 기업에 대한 불매운동', '이명박 대통령의 미국산 쇠고기 시식회 마련을 위한 서명운동' 개설 – 개설일에 15만 명 청원이 몰리면서 서비스 중단사태 발생 – 탄핵 서명의 경우 5월 4일 100만 명 서명 기록(6일 120만 명 서명) – 12월까지 1천만 명 목표 – 이전 최고 기록은 '한미 FTA 반대 청원'(10만 명 서명)
5월 2일 (집회 시작)	• '미친소 수입을 반대하는 촛불문화제('안티이명박' 카페 주도) – 1만 명 참가(여중고생 6천 명 이상 참여) – 오후 9시 45분 자진 해산 • 인터넷 개인방송 '아프리카'에서 생중계 시작 – 6월 2일 누적 시청자 수 400만 명 – 5월 27일 집회 관련 방송 100여 개 개설, 3만 명의 동시 시청자가 시청 – 자발적 시민들 주도

---

91) 이 시기에 지역 기지국의 휴대폰 사용량이 평소보다 34% 이상 증가했다.

시기	주요 내용
5월 6일	• 정부 측은 인터넷 괴담 및 정치적 의도라고 대응 • 조선일보 1면 머릿기사 '인터넷 괴담' • 일선 학교에 교육청의 '교사 지도 지침'이 하달됨 – 문화제 참여 저지 및 학생들의 문자 메시지 내용 조사 지시 – 교사들의 반발('교사가 전경인가')
5월 7일	• 국회 쇠고기 청문회 개최 • '쇠고기 청문회' 격론 – 오후 2–6시: 청와대가 주요 포털에 개설된 블로그 '푸른팔작지붕아래'에 서 인터넷 블로그 청문회 '댓글 만문만답(萬問萬答)'개최 – 3천 2백건 질의 – 같은 내용의 반복 답안 게시로 인해 성과없이 끝남 • 대통령 지지율 : 25.4%(CBS–리얼미터 조사) • 동아일보 기획기사 '고삐 없는 인터넷 괴담' • '미국 소 한 해 44만 6천 마리 광우병 유사 증세 보여'(경향신문 특종)

5월 9일	• [다음]의 '아고라' 전주 대비 pageview 200% 상승(랭키닷컴 발표)
	– 방문자 수 199만 명, pageview 5천만 회
	  서울시 교육청, 시위 현장에 생활 지도 담당 교사 800명 배치, 시위 참
	  여 중고생들 집중 단속

5월 10일	• '광우병 의심 사료 금지 미관보–정부 설명 다르다'(경향신문 특종)
5월 13일	• 경찰이 인터넷 괴담 유포자 네티즌 21명 신원확인 요청 • 학계, 노동계 쇠고기 수입 반대 기자회견 • 미국 측 "문제되면 수입 중단 수용" 발표 • 미국 한인 주부 모임 '미즈월드' 미국 쇠고기 위험성을 알리는 리본 달기 운동 시작
5월 14일	• 네티즌 사이버 경찰청에 사법 처리에 대한 항의글 게시 • 네티즌, 아고라에 '대통령과의 대화 제안' • 한겨레신문 특집을 중심으로 2.0 세대론이 제기됨 • 경기도 과천 주부들 '광우병 쇠고기 수입 반대' 현수막 걸기 운동

민주주의는 기술을 선택한다: 세계 시민 집회와 시민 기술

시기	주요 내용
5월 15일	• '미국산 쇠고기 수입위생조건 개정안' 고시 예정(연기)
5월 16일	• [미디어 다음] 순방문자 수(코리안클릭 발표) – 4월 넷째 주: 1천 3백만 명(1주일 전 대비 1백만 명 증가) – 5월 첫째 주: 순방문자 수는 소폭 감소, pageview 8억 건(2주 전 대비 1억 건 증가) • 주미 대사 사전 통보 의혹(경향신문 특종)
5월 17일	• 집회 참여 규모 : 6만 명 다음 카페 '촛불소녀 코리아' 개설
5월 18일	• 유튜브와 포털에 '김밥 할머니 폭행사건' 동영상이 유포됨
5월 26일	• 신촌에서 벌어진 시위대에 대한 경찰의 과잉진압 동영상이 '아프리카'를 통해 배포됨 • 인터넷 사이트 '실타래'(http://www.sealtale.com)에서 촛불 집회 개최 – 촛불 모양 이모티콘 분양 – 6월 6일 현재 8만 명 참가
5월 27일	• 조선일보 '아고라'를 촛불 집회의 배후로 지목
5월 28일	• 경찰 연행에 대해 자발적 연행이라는 비폭력 저항 운동 발생 – [다음]의 '아고라'에 ID 빨래가 '함께해요 닭장차 투어' 제안 • 촛불문화제 정보의 온라인 전파 경로 분석(코리안클릭)
5월 29일	• '미국산 쇠고기 수입위생조건 개정안' 고시 발표 • 예비군복 시위대, 유모차 행진 등장
5월 31일	• 문화제 현장에 처음으로 살수차 등장 • 집회 현장에 최초의 아고라 깃발 등장
6월 1일	• 서울대 음대 여학생에 대한 경찰 폭행 동영상이 유포됨(진압 강경화) • 해외 교민 및 유학생 집회 확산 • 한나라당 홈페이지(http://www.hanara.or.kr) 해킹

시기	주요 내용
6월 2일	• 농식품부 '쇠고기 고시' 유보 결정 • 서울경찰청 제1기동대 홈페이지(http://www.mprfirst.go.kr) 해킹 • 네이버에 '구국! 과격불법 촛불시위 반대 시민연대' 카페가 개설됨(6월 4일 현재 회원 400명) 82쿡 닷컴, 조중동 광고기업 압박운동
6월 3일	• 미국 측에 '30개월 이상 소, 수출 금지' 요청 • 대통령 취임 100일, 이명박 정부 국정운영 지지도 19.4%(SBS) • 네티즌 이명박 대통령에 대한 '당선 무효소송' 추진 • 구호 변화 '경찰청장 사퇴'
6월 4일	• 한나라당 재보선 참패(지자체장 9곳 선거에서 1곳에서만 승) • 50대 남성 분신 • 대학가 동맹휴업(10여개 대학) • '세계 민주주의 초유의 IT 직접 민주주의'라고 평가(김대중 전대통령)
6월 5일	• 연휴를 맞이하여 72시간 철야 릴레이 집회 • 추부길 청와대 홍보기획비서관 '사탄' 발언 논란 인터넷 카페 쌍코, 소울드레서, 일부 언론사에 후원광고 게재
6월 6일	• 촛불문화제 개최 후 최대 인파인 20만 명(주최 측 추산) 참여 • 자정 : 한상희 교수 '헌법 제1조' 거리 특강(7일 앵콜 특강, 시민토론회로 이어짐)
6월 8일	• 오후 72시간 집회 종료(주최 측 50만 명, 경찰 12만 명으로 추산) • 김대중 조선일보 고문 '시민 권력이 광고 탄압을 한다'고 비난 • 우석훈의 주장에 따라 한나라당 출신 지자체장부터 소환하자는 주민소환대책위원회(http://cafe.daum.net/sowhanje) 카페가 개설됨
6월 10일	• 새벽 1시 경찰, 세종로에 컨테이너 차벽 설치 (2005년 11월 부산 APEC 관련 시위 이후 처음) • 총리 및 내각 총 사의 표명 • 6·10항쟁 21주년 기념 '1백만 촛불 대행진' – 50만 명 참여 • 청와대 홈페이지 다운

시기	주요 내용
6월 12일	조선일보, 82쿡 닷컴에 광고압박운동 관련글 삭제 경고문 발송
6월 22일	• 전교조 '학교 자율화 정책' 폐지 촛불 집회 • 82쿡 닷컴, 조선일보사 규탄 집회
6월 23일	• 대운하 반대 교수모임 시국 강연회 • 검찰, 광고주 압박운동 네티즌 수사 착수
7월 5일	• 75국민승리선언 범국민 촛불대행진 • 전국에서 53만명 참여(6100이후 최대 규모) • 다음 아고라 활동 대학생들 '아고라 대학생 연합'(아대련) 출범
7월 6일	• 일본 아사히 신문 보도 – 정부가 7번이나 미국산 쇠고기 수입과 관련한 국민 담화와 특별회견을 열었지만 국민의 신뢰는 회복되지 않음
7월 8일	• 검찰 광고 압박 – 네티즌과 인터넷 동호회 운영자 20여명 출국 금지. 네티즌 반발. 민변은 적극 변호 의사 표명

＊출처: 저자의 자체 조사 결과

2) 그린 운동(2009년)

2009년 6월 13일, 마무드 아흐메디자네드 현직 대통령이 62%의 압도적인 지지로 재선에 당선되었다는 선거결과가 공표되었을 때 대선 결과에 항의하는 대규모 집회가 열렸다. 2009년 이전에도 이란에서는 정치 부정에 항의하는 수많은 학생 집회가 열렸는데 가장 대표적인 것이 1999년과 2003년의 학생 집회이다.

다만, 2009년과 달리 이전의 학생 집회는 신문 폐간이라는 비교적 낮은 수준의 정치적 이슈(1999년)와 학생 집단만 공감할 수 있는 이슈(2003년)였기 때문에, 그리고 100명당 인터넷 이용자 수가 1명도 되지 않은 취약한 네트워크 환경이었기 때문에 그 파급력이 확산되지 못했다는 해석이 있다. [92]

그러나, 2009년 이란 시민들은 선거 부정으로 야당 후보인 미르후세인 무사비(Musavi)가 패배했다며 대규모 집회를 전개하였다. 6월 15일 이란 테헤란 자유 광장에 선거 부정에 항의하여 200만 명이 결집하였으며, 16일부터 18일까지 촛불 집회가 열렸다. 이 집회는 세계 곳곳에서도 열려 전국 20개 도시뿐만 아니라 런던, 뉴욕, 파리, 베를린, 시드니에서도 이란인들의 집회가 열렸다. 인터넷에서 부정선거에 분노하는 글은 채팅, 블로그, 소셜 미디어로 확산되었다.

그린 운동[93]은 몇 해 전부터 이란의 온라인 공공 영역이 가파른 속도로 확장되는 추세였기 때문에 가능한 일이었다. 이란에는 블로그 6만 개 이상이 사회·문화·종교·정치 영역 등에서 폭넓은 최신 이슈들을 지속적으로 생산했고 페이스북 이용자의 경우는 60만 명 이상이었다. 신문사, 시민단체, 정당, 정치후보자들의 인터넷 이용률도 상승세였다. [94]

1998년 수천 명의 이란인이 이란 감옥에서 대량학살 당한 적이 있

---

92) 차재권(2013: 137-140).
93) Diamond & Plattner eds. (2012: 218). 다이아몬드와 플래트너의 분석 외에 2009년 그린 운동에서의 미디어 활용에 대한 자세한 분석은 RAND가 발간한 보고서에 가장 잘 정리되어 있다(Elson etc. 2012 참조).
94) Diamond & Plattner eds. (2012: 22).

지만 거의 알려지지 못했다. 그러나 2009년 대선이 시행되기 이전부터 몇 해 동안 네티즌들이 블로그 공간을 통해 이란어로 관용, 민주주의, 다원주의를 위한 담론을 형성하였다. 블로그는 시민운동을 위한 새로운 아이디어를 제안하고 정부의 인권 유린 사태 고발 미디어로 작동하였다.

개혁주의자인 대선 후보 미르 호세인 무사비, 메흐디 카루비와 그들의 지지자들도 블로그, 정치 사이트, 발라타린, 트위터, 페이스북과 같은 기타 소셜 미디어에서 선거운동을 하면서 인터넷과 소셜 미디어를 최대한 이용하였다. 대선 이전인 2009년 초반 이란 청년들의 소셜 미디어 가입률이 급증한 것도 같은 맥락이다. [95]

6월 12일 이란 정부는 이란 전역에서 SMS를 차단해 반정부 지지자들의 선거 감시를 금했다. 당시 무사비 캠프 소속의 200명 이상 지지자들은 곳곳의 투표장에 배치되어 선거 결과뿐 아니라 투표 부정, 혹은 의심할만한 사례 발생시 SMS로 전송하기로 되어 있었다. 후에 무사비 선거본부는 SMS 서비스 차단이 곧 대선에서의 선거 부정을 보여주는 단적 사례라고 반발했지만, 이에 정부는 선거일에 후보들과 지지자들이 SMS 서비스를 이용해 불법적 선거 운동을 벌일 것을 사전에 차단한 것이라고 대응했다. [96]

무사비 선거 진영이 투표 독려를 위해 유명인과 정치인의 인터뷰 웹 캐스트를 하려고 테헤란 북부 게이타리에 선거사무소를 마련했는

---

95) Diamond & Plattner eds. (2012: 217).
96) Diamond & Plattner eds. (2012: 225).

데, 군부대가 이러한 보도를 저지하기 위해 침입했다. 그러나 당시 그 사무소에 있던 '바히드 온라인'이라는 익명의 인터넷 유명 인사가 자신의 블로그와 트위터에 사건 전모를 올리고, 휴대폰으로 팔로어들에게 촬영 장면을 보내 비디오 사이트 Qik에 게시되면서 이 사건이 확대되었다. 몇 시간 만에 8,000명이 영상을 보았다. 사실상 트위터보다 영향력이 더 큰 공간은 블로그로서 이를 통해 반정부 의견들을 온라인을 통해 확산시킴으로써 이란의 정치문화에 큰 변화를 초래한 것이다.[97]

트위터, 문자 전송, 페이스북뿐만 아니라 발라타린과 돈블레흐 같은 이란의 인터넷 서비스를 통해 이란인들은 여러 뉴스와 의견을 유포시키면서 집회를 부추겼다. 집회가 진행되는 동안 격렬한 집회 장면이 트위터, 플리커, 유튜브에 계속 중계되었다.

트위터의 이용률은 저조하였지만 소수의 기자와 운동가들이 전달한 트윗을 통해 외국인과 외신 기자들이 이란 시민 집회의 경과 정보를 얻을 수 있었다.[98]

이란인들에게 트위터의 영향력은 절대적이었다.

첫째, 트위터는 영어 트윗이 가능하고 쉽게 내용 분석이 가능하기 때문에 굳이 페르시아어에서 영어로 된 번역본을 필요로 하지 않았다.

둘째, 트위터는 효율적인 응용 프로그래밍 인터페이스 역할을 수행하면서 포스팅 및 리트윗 수 같은 여러 다양한 유형의 인터넷 행위들을 측정하는 데 용이했다.

---

97) Diamond & Plattner eds. (2012: 225-226, 218).

98) 당시 이란 트위터 이용자는 8,000여 명에 불과했기 때문에 이를 트위터 혁명이라고 부르는 것은 무리가 있다고 평가하기도 한다(마사아키·김경화 2018: 158).

셋째, 2009년 6월 트위터 점검시간을 늦춰달라고 요청한 미국 국무부의 요구는 트위터에 대한 영향력을 부풀리는 결과를 초래했다.

〈그림 2-12〉 이란 그린 운동 기간의 트위터 이용자 비율

• 기간: 2009년 6월 15일-19일

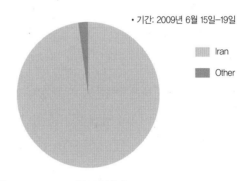

■ Iran
■ Other

＊출처: http://www.journalism.org/2009/06/25/iran-and-twitter-revolution

정부는 의도적으로 2009년 6월 대선 반대 의견에 대한 관대함을 보여주는 기회로 삼기도 했다. 적어도 2009년 1월에는 페이스북과 트위터를 차단하지 않은 것이다. 그 여파로 인터넷 가입률이 증가하면서 불과 한 달 만에 페이스북은 이란에서 15번째로 방문자 수가 많은 사이트로 세력을 확장하였다. 페이스북은 교사, 여성 및 학생 등이 참여했던 비폭력 사회운동에 가담한 개혁주의자들과 사회운동가들 사이에서도 인기를 얻었다. 그러나 결국 페이스북은 2009년 6월 이란 정부에 의해 차단되었다.

2009년 6월 20일에는 네다 아흐하 술탄이라는 소녀가 사살되는 37초짜리 동영상이 유튜브에 업로드되면서 큰 충격을 안겼다. 소녀가

7시 20분에 사망하던 모습을 담은 동영상이 세계에 확산되었는데, 이 동영상이 페이스북에 올라온 것은 8시 53분이었고 발라타린에는 9시 45분에 링크가 게시되었으며 10시에 네티즌 투표로 이 동영상은 메인 페이지에 걸렸다. 10시 19분 유튜브에 게시되어 사망 후 3시간 만에 전 세계 수천 명의 네티즌이 그 동영상을 시청하게 되었다. 이에 대해 타임(Time)지는 '아마도 인류 역사상 가장 광범위하게 목격된 죽음'이라고 불렀다.

그해 여름 테헤란에서 찍힌 또 다른 동영상도 세계에 퍼져 나갔다. 그 동영상은 일명 '옥상의 시'로 알려져 있다. 집회는 진압됐고, 경찰은 대학생 기숙사에 마음대로 쳐들어갔다. 젊은 남성들은 강간과 고문을 일삼고 있는 바시즈군에게 넘겨졌다. 시민들은 밤이 되면 옥상으로 후퇴하여 하늘을 향해 '알라후 아크바르'를 외쳤다. 6월 16일 oldouz84라는 유튜브 아이디를 쓰는 이름 모를 젊은 여성이 옥상에서 울부짖음을 동영상에 담으면서 시를 짓기 시작했다. 이 시는 마치 예술 영화에 나오는 내레이션처럼 읊어졌다. [99]

3) 포도[100] 혁명(2009년)

2000년에 25,000명이던 몰도바의 인터넷 이용자 수는 2007년 전체 인구 20% 수준으로 급증했다. 당시 휴대폰 이용자는 188만 명 수

---

99) Mason(2012: 66-67).
100) 몰도바는 구소련 전체 포도주 생산량의 1/3을 차지하던 유명한 포도 생산지이다.

준이었다.

2009년 발생한 몰도바 민주화운동은 4월 6일, 총선결과의 부정에 항의하여 2만여 명이 참여한 대규모 집회에서 시작하였다. 경찰과의 대치 속에 피해자가 속출하였고 그 과정은 트위터, 플리커, 유튜브로 중계되었다. 집회를 주도한 활동가 조직인 하이드 파크(Hyde Park)와 싱크 몰도바(Think Moldova)는 라이브저널을 통해 반정부운동을 전개했다.[101]

〈그림 2-13〉 UN 앞에서 진행된 몰도바 지지 집회

＊출처: https://www.eastbook.eu/en/2013/09/24/whatever-happened-to-moldovas-twitter-generation

101) 마사아키·김경화(2018: 154-155, 161).

다수의 미디어들은 이 사태를 '트위터 혁명'이라고 불렀다. 그러나 당시 몰도바에는 트위터 이용자가 200명에 지나지 않았기 때문에 과장된 호칭이며 오히려 관제 혁명의 성격이 강했다는 데이터와 평가가 있다.[102]

4) 키친웨어 혁명(2009년)

2009년 급격한 경제 위기에 처한 아이슬란드에서는 키친웨어 혁명[103]이 발발했다. 그 이전인 2008년 10월, 한 가수가 의회 건물에 앉아 부도덕한 금융 자산가들과 비굴한 정치인들에 대한 분노를 노래했고, 그 자리에 있던 몇몇 사람이 인터넷에 당시의 장면을 동영상으로 올렸다.

이후 시민단체 Raddir Folksins가 매주 토요일에 정부 내각 사퇴 요구 시위를 하겠다고 발표하여 2009년 1월에 시민 집회가 집중적으로 진행되었다. 당시 아이슬란드 인터넷 접속률은 94%였고 그 가운데 2/3가 페이스북 이용자였다.

2009년 1월 20일 한 달 간의 휴식 후에 의회가 재소집되자 사람들은 냄비와 프라이팬을 들고 의회 앞에 집결하여 집회를 진행했다. 소셜 미디어와 길거리 시민 집회의 거센 압박으로 조기 총선을 치루게 되었다.

---

102) 마사아키·김경화(2018: 158-159).
103) 아이슬란드 사례에 대해서는 Castells(2015: 51-57), Gnarr(2014: 51) 참조.

5) 아랍의 봄(2011년)

2011년 아랍의 봄에서도 블로그가 막대한 영향력을 발휘했다. 아랍 세계에서 주류 언론은 국가 당국의 검열과 언론 자체의 내부 검열에 시달리고 있어서 블로그가 가장 영향력 있는 매체였기 때문이다.

블로그는 혁명과 관련된 무대에서 가장 중요한 재료를 제공하기 시작하였는데 바로 그 자체가 링크 장소가 되었다. 블로그는 19세기 신문이 그랬던 것처럼 사건을 기록했고, 그 영향력은 공권력으로부터 체포당한 블로거가 7%나 됐다는 2011년 설문 수치에서도 알 수 있다.[104]

블로그 포털이자 토론방인 '미드이스트유스(Mideastyouth)'를 운영하는 에즈라 알 샤페이가 운영하는 '중동의 선율(mideastunes.com)'에는 중동 청년들의 문화적 요구가 다양한 형식의 음악으로 표출되었다. 페르시아어 랩, 팔레스타인식 트랜스 음악, 요르단식 펑크, 바레인식 R&B 등에서 사회 변화, 인권, 표현의 자유에 관한 메시지들이 전달되었다.

이집트 당국이 카이로 알자지라 방송 사무실을 폐쇄한 후, 판 아랍 방송 네트워크가 국민들에게 시위 상황이 담긴 동영상이나 관련 정보를 개인 블로그에 올릴 것을 요청했다. 이집트 국민들은 가로등 선을 이용하여 휴대폰을 충전하면서까지 집회 소식을 전세계에 알리는 기지를 발휘했으며, 그만큼 휴대폰은 중요한 역할을 했다.[105]

---

104) Mason(2012: 132).
105) Rainie & Wellman(2012: 320).

튀니지에서도 블로그가 정치 부패를 고발하는 기능을 수행했다. 일반 시민들이 창조적 방법으로 인터넷을 이용함으로써 일종의 탐사 저널리즘을 탄생시킨 것이다.

가장 유명한 사례는 튀니지 대통령의 전용기가 상류층 유럽 쇼핑가 근처 활주로에 세워져 있는 것을 보여주는 유튜브 동영상이었다. 특히 화면에는 구체적 날짜와 장소가 명시되고, 자막에는 누가 이 전용기를 이용했는가를 묻는 문구가 있었다.

튀니지 정부는 데일리모션과 유튜브 같은 비디오 공유 사이트, 트위터, 페이스북을 금지시키려 했지만 불가능했다. 시위 며칠 만에 사람들은 우회적 방법으로 소셜 미디어를 통해 집결할 수 있다는 점을 알 수 있었고, 적극적 소셜 미디어 이용자 비율은 전체 인구 중 20%도 안 되지만, 거의 전 인구가 모바일 폰 접근이 가능했기에 집결은 가능했다.

이에 정부는 1월 초 블로거들을 전격 수감했다. 그러나 온라인 네트워크에서는 사람들을 지배하고 집결시키는 역할을 하는 일반 사람들이 존재했다. 지적재산공유당의 슬림 아마모우는 튀니지 시민 집회를 블로그에 올렸고 연이어 민족단결정부 사이트에서도 포스트를 올렸다. 튀니지에서 추방된 사미 벤 카르비아는 온라인 검열 행적을 감시하고 우회 수단이 있음을 네티즌에게 알렸다. 자칭 엘 장군이라 부르는 중산층 튀니지 래퍼도 '혁명을 위한 디지털사운드트랙'을 발표했다. [106)]

---

106) Diamond & Plattner eds. (2012: 173-174).

높은 실업률과 수십 년간의 장기간 독재 지배 속에서[107] 청년들의 소셜 미디어 이용이 증가하고 그런 상황에서 정부는 일방적인 억압만 하는 상황이었고 2009년 중동의 많은 국가들은 모두 이런 상황을 겪어왔던 상태였다.

중동의 평균 몇 백만~몇 천만 명 인구 가운데 200만 명 이상이 소셜 미디어를 이용하고, 인터넷 성장률이 3,000% 이상이며, 실업률은 모두 10% 이상이고, 평균 연령이 20대 후반으로 매우 젊다는 것은 사회의 역동적 조건이 모두 갖춰져 있다는 것을 의미했다.[108] 여기에 유선보다는 무선통신 이용률이 월등히 높고 도시 거주자가 대부분이라면 역동성이 고조되지 않는 것 또한 이상하지 않은 상황이었다.

거기에, 중동사회의 언론 자유 현황을 보면 매우 억압적인 검열이 진행되어 비밀경찰이나 언론인 감금과 같은 일들이 빈번히 행해지고 있음을 알 수 있다.

이집트에서는 유튜브에 2010년 6월 경찰 비리를 폭로한 칼레드 사이드(Khaled Said)가 인터넷 카페에서 연행되었다는 동영상이 올라오고, 구글 직원인 와엘 고님이 2010년 6월부터 페이스북 그룹 '우리는 모두 칼레드 사이드다'[109]를 운영했는데, 47만 명이 참여하면서 페이스북이 시민 집회의 강력한 구심점이 되었다. '고님을 저항세력 대변인으로'라는 페이스북 페이지에는 15만 명 이상이 친구로 등록하였다. 이

---

107) 이집트인은 실질적으로 단 한 번도 직접 대통령을 선택한 적이 없었다(Ghonim 2012: 60).

108) 이집트 빈곤층은 전체 인구의 40%가 넘는 상태였다(Ghonim 2012: 16).

109) We are all Khaled Said(http://www.facebook.com/elshaheeed.co.uk)

<그림 2-14> '우리는 모두 칼레드 사이드다(We are all Khaled said)' 페이스북 페이지

＊출처: http://www.facebook.com/elshaheeed.co.uk

그룹은 2011년 1월 25일 집회를 제안하였으며 여기에 8만 5천 명이 참
여 의사를 밝혔다.

　설진아는 시민이 만든 소셜 저널리즘(social journalism)의 대표적
인 사례로서 2011년 1월 27일－2월 2일까지 아랍의 봄의 '우리는 모두
칼레드 사이드' 페이스북 페이지의 331개 포스트를 분석하여 민주화
과정에서의 역할을 분석했다. 이러한 시민 저널리즘의 주요 특성 중 하
나는 지식과 정보 공유를 통한 정보 투명화와 민주화 가치를 중요시하

는 것이다. [110] 제프 자비스는 시민 저널리즘을 네트워크 저널리즘으로 불러야 한다고 주장하였다. [111]

1월 28일에는 유튜브에 '1월 28일 경찰의 폭력 진압하는 동영상'이 최초 동영상으로 게시되었으며 1월 28일 자정부터 1시간 반 동안 올라온 245,000건의 트윗 가운데 8%가 이집트에서 올라온 것이었다. 유튜브에 이미 개설되어 있는 '시티즌튜브(CitizenTube)'의 경우 분신 자살, 고님의 우는 동영상, 시민들의 저항 모습, 경찰의 폭력 진압 장면 등을 담은 동영상이 제공되면서 혁명에 대한 관심을 증폭시키는데 큰 기여를 했다.

1월 24일부터 30일까지 이집트, 예멘, 튀니지라는 단어를 포함한 트윗 수는 130만 개에 이르렀다(시소모스사(Sysomos)의 조사에 의하면 직전 기간인 1월 16일부터 23일까지 트윗 수는 12만 개 정도였다.). 시민 집회의 열기는 이집트 정부가 1월 28일 인터넷과 휴대폰을 차단하면서 절정으로 치달았다.

튀니지에서는 2010년 여름부터 정부가 활동가들의 G메일, 야후, 핫메일, 페이스북 계정에 피싱(phishing) 공격을 하여 암호를 빼내고 계정을 봉쇄하였으며(2011년 1월 3일에도 피싱 공격), 2010년 4월 슬림 아마무(Slim Amamou, 2011년 1월 22일 현재 팔로어 1만 명)가 리드라이트웹(ReadWiteWeb)에 6백 명의 인터넷 비밀경찰이 활동하고 있음을 폭로하였고, 이에 대해 나왓(Nawaat.org)이 제작한 정부 부패 폭로 사이

---

110) 설진아(2012: 10).

111) Jarvis(2006), 설진아(2012: 11)에서 재인용.

트 튀니릭스(Tunileaks)가 튀니지판 위키리크스(Wikileaks) 기능을 하며 정부의 비리와 억압을 폭로하고 있었다.

이집트에서는 2005년부터 인터넷과 언론 탄압이 시작되어 2007년에는 인터넷 통제와 억압이 강화되고 2005년 선거 후부터 Kafaya, Wael Abbas, Al Dustur, Abdel Monem Mahmoud, Mustafa Naggar 등 정치 블로거들이 유행하여, 경찰의 과잉 진압이나 성희롱 사건을 해외에 알렸다.

튀니지 시민 집회는 한 노점상 청년의 분신 사건에서 시작하였는데, 2010년 12월 17일 시디 부지드(Sidi Bouzid)에서 분신한 모하메드 부아지지(Mohammed Bouazizi)가 1월 4일 사망하면서 12월 17일 알자지라가 부아지지 사건을 동영상과 함께 보도하여 해외에 알려지기 시작했다.

튀니지 트위터는 시위에서 사망한 '레겝의 순교자' 5명의 사진을 게재하였고, 유튜브에는 분신 지역인 시디 부지드 관련 동영상이 3,000개에 이르렀으며 나왔은 시민들이 아랍어 '자유'를 몸으로 표현한 동영상을 게재하였다.

2010년 6월 6일 고님이 만든 페이스북 페이지에 —병원에 누워있는 부아지지의 디지털 영상이 이집트 네트워크로 확산되었던 것처럼— 시체 더미 위에 누워있는 칼레드 사이드의 엉망이 된 얼굴 영상이 올라왔는데, 이 사진은 사진을 찍은 칼레드 형의 휴대전화에서 누군가의 모바일 폰으로 확산된 것이었다. [112)]

---

112) Diamond & Plattner eds. (2012: 176).

26세 이란인 여성 아그하-술탄이 2009년 6월 부정선거를 규탄하는 테헤란 시위에서 정부의 바시지(Basij) 민병대(정부 끄나풀)의 손에 피 흘리며 죽어가는 생생한 모습이 카메라에 찍혀 동영상 사이트에 유포되어 저항의 상징이 된 것처럼, 칼레드 사이드와 그를 추모하는 페이스북 페이지도 집단적인 애도와 저항의 집결장소가 되었다.

이 페이지는 이집트 경찰로부터 구타당한 사람들의 이야기를 온라인에서 누군가가 누군가에게 알려 주었다는 의미가 있긴 하지만, 그보다는 정보 확산 도구로서 일시적으로나마 커뮤니티라는 강한 집단의식을 심어 주었다는 점이 중요하다. 그 후 페이스북 페이지를 만든 와엘 고님은 전세계적으로 유명한 오피니언 리더가 되기도 했다.[113]

페이스북은 튀니지를 위한 자동 번역 서비스를 제공하면서 국제적인 공조에 들어갔다. 원래 2009년 이란 그린 혁명에서도 전세계에 이런 사태를 알리기 위해 구글의 다국어 번역 서비스가 급히 시행되었지만 이후에 계속 국가별로 시민 집회가 진행되면서 다국어 서비스의 범위와 품질이 향상되는 네트워크 효과가 나타났다는 점도 특징적이다.

한편, 중동의 시민 집회가 확대되면서 유튜브에는 정부의 홈페이지 폐쇄에 저항하는 'Free from 404' 동영상이 게시되었다. 결국 극심한 사회 저항 확대로 인해 벤 알리(Zine El-Abidine Ben Ali) 대통령은 20여 년 만에 퇴진했다.

---

113) Diamond & Plattner eds. (2012: 176).

6) 월스트리트 점령운동(2011년)

2011년 월스트리트 점령운동에서 메시지와 함께 공개된 해시태그 '#occupywallstreet'는 급속히 소셜 미디어에서 공유되었고, 9월 15일에는 페이스북 페이지 'OccupyWallST.org'가 개설되었다. 이외에도 occupywallst.org, http://www.occupy.com/tag/new-york-city-general-assembly 등의 웹사이트가 생겼고, 각 주체를 통합하기 위한 페이스북 페이지 http://www.facebook.com/OccupyTogether가 생겼다. 이어서 http://www.occupytogether.org, takethesquare.net 등이 생겼다. 최초 집회 이후 한 달 동안 점령운동 관련 페이스북 페이지는 120개를 넘었고, 트위터 해시태그는 500개가 만들어졌다. [114]

월스트리트 점령운동에서는 국제해킹활동가단체인 어나니머스(Annoymous)가 합류하면서 정보가 급속히 확산되었다. 이들은 아랍의 봄 때에는 탄압하는 정부에 디도스 공격을 하여 튀니지 작전, 이집트 작전을 실행한 바 있다. [115]

8월 13일 어나니머스는 참여를 권유하는 동영상을 유튜브에 게시했고, 9월 8일에는 트위터 트렌드 코너를 장악하여 자신들이 고른 메시지가 수월하게 표시되도록 하는 프로그램 'URGE'를 공개했다. 9월 17일에는 로어 맨해튼 지역에 모여 텐트를 치고, 식당을 만들고, 평화로운 바리케이트를 만든 뒤, 수개월 동안 월스트리트를 점령할 계획이라고

---

114) 마사아키·김경화(2018: 92-97).
115) 마사아키·김경화(2018: 93-95).

선언했으며 월스트리트를 향해 중요한 사이버 공격을 개시했다.

9월 19일에는 연방준비은행, 골드만삭스, 나스닥에 검은 종이를 팩스로 보내기 시작했고, 오픈된 페이스북 페이지 'OccupyWallST.org'에 최초의 집회를 촬영한 유튜브 영상을 링크하기 시작했다. 9월 25일에는 집회 참가자를 향해 최루가스를 쏜 뉴욕 경찰의 이름, 직위, 관할 지역, 전화번호, 가족 이름을 폭로한 동영상을 유튜브에 게시하였다. 10월 2일에는 뉴욕증권거래소 서버에 디도스 공격을 하여 서버를 다운시켰다.[116]

또한 어나니머스뿐만 아니라 스페인의 인디그나도스 활동가들도 점령 공간을 방문하여 집회 노하우를 전수하며 정보를 공유했다.

7) 국정농단 비판 촛불 집회(2016년)

2002년, 2004년, 2008년에 이어 네 번째 진행된 2016년 촛불 집회에서는 역사상 유례없는 누적 인원 1,500만 명 이상의 인원이 참여하였고, 그 지속 기간도 5개월로 사상 최장기간 진행되었다. 2016년 촛불 집회를 통해 대통령 탄핵이라는 소기의 목적을 달성하였는데, 주중에는 일상적인 많은 온라인 정치 참여가 나타났다. 그런 온라인 정치 참여는 주말 촛불 집회처럼 주중 온라인 촛불 집회 역할을 하며 일상생활의 참여를 이끌었다.

2016년 촛불 집회에서는 동영상 중계 채널이 더욱 확산되었을 뿐

---

116) 이토 마사아키·김경화(2018: 93-95).

만 아니라 누구나 잠깐 촬영하여 포스팅처럼 게시할 수 있는 소셜 미디어 라이브가 각광을 받았다. 단지 웹에 연결한 1인 미디어가 아니라 현장에서 실시간으로 좀 더 빠르게 주변에 전달할 수 있는 소셜 미디어 라이브로 진일보한 발전이 이루어진 것이다.

〈그림 2-15〉 2016 촛불 집회의 개인 페이스북 생중계 화면

＊출처: "IT 기술로 무장한 촛불 혁명, 속도 87년의 3배, 모바일 통한 연결사회, 지도부 없이도 민심 형성·실행 이어져."(아이뉴스 24 2016.12.31.)

구체적으로는 유튜브 동영상 확산, 소셜 미디어 라이브(트위터 페리스코프, 페이스북 라이브, 다음 TV팟 라이브, 팩트TV, 유튜브 라이브 / 외국인은 영어로 해설하며 생중계), 360도 카메라 촬영 등 적극적인 생중계 현상이 나타나 개인 방송국의 폭발이 나타났다고 해도 과언이 아니다.

〈표 2-2〉 유튜브 인기 동영상

2016.11.20 기준 조회수 150만 회 이상

제목	제작	조회수
정유라, 그녀는 과연 누구의 딸인가 (https://www.youtube.com/watch?v=yL6tlimx264)	Korea's Privacy	4,366,756회
최순실 딸 정유라 인터뷰 영상 (https://www.youtube.com/watch?v=bZlfBPoXCMM)	co co	2,248,122회
박근혜, 하야하라, 퇴진하라 듣고 난 후 표정 (https://www.youtube.com/watch?v=uLn9ov33MYI)	미디어몽구	2,040,029회
최순실 데이트 보도날 손석희 사장이 언급한 소름돋는 세월호.. (https://www.youtube.com/watch?v=vTtxv1Z6c-0)	미스테리시네마	1,744,446회
최순실+박근혜 40년 우정 동영상 발굴 (https://www.youtube.com/watch?v=A60V7H_PY_o)	newstapa	1,729,909회
어느 초등학생이 박근혜 대통령에게 던지는 돌직구 (https://www.youtube.com/watch?v=O6jl8vTZW2I)	MediaVOP	1,705,987회
우병우 째려본 여기자 얼굴 빡치는 동영상 (https://www.youtube.com/watch?v=wQ49Ks1A2kc)	Namu	1,650,094회
무당의 지시를 받은 박근혜 내년 초 전쟁 계획 빡치는... (https://www.youtube.com/watch?v=COwqX29Gg5Y)	Namu	1,644,068회

제목	제작	조회수
최순실 독일에서 전화로 계엄 때리라고 했는데 박근혜.. (https://www.youtube.com/watch?v=zmS9M30UKko)	Namu	1,576,466회
박정희의 비서실장이 말하는 박근혜-최태민 관계 비사 (https://www.youtube.com/watch?v=4pDAJsZ5C2Y)	nabiwa Moon	1,566,005회
소름 쫙 돋는 현재 박근혜*최순실 사태 예언 베스트5 (https://www.youtube.com/watch?v=mxM61d0umio)	Veritas Speak X	1,504,258회

＊출처: 저자의 자체 조사 결과

매스 미디어의 사건 중계는 사건 현장보다 늦게 이루어지고, 모든 사건이 중계되는 것도 아니다. 그러나 1인 미디어의 현장 중계는 신속하며 제도적인 의제 선정(gatekeeping) 단계 없이 오로지 개인의 판단으로 보도가 이루어지기 때문에 훨씬 다양하고 자유로운 소재를 중계할 수 있다. 그에 따라 1인 미디어의 보도 범위가 확장되면서 개인적인 미디어 소비가 증가하고 이를 보도의 민주성이 확대된 것으로 평가하기도 한다.

8) 노란 조끼 운동(2018년)

2018년 11월 시작된 프랑스 노란 조끼 운동(Yellow vests protests, 불어로는 gilet jaunes)은 유류세 인상 반대로 시작되어 반정부 시위로 격화되었다. 노란 조끼 운동은 경찰의 강경 대응, 12월 유류세 인상 연기 발표, 12월 고등학생들의 대학입시제도 개편 요구, 최저임금 인상,

극우정당 당선 등으로 이어지며 약 6개월간 지속되었다.

조직 주체가 없는 노란 조끼 운동의 정보들은 소셜 미디어를 통해 공유되었다. 페이스북, 트위터, 유튜브에서 시위 날짜와 장소를 공유했고, 유튜브를 통해 강성 발표자들의 동영상이 공유되었다.[117]

2018년 10월 18일 50대 여성 자끌린 무로(Jacline Mouraud)가 자신의 페이스북[118]에 올린 정부 비판 동영상으로 시작되었는데 게시 2개월만에 페이스북에서 600만 건 넘게 조회되고, 45,000명이 좋아요를 눌렀으며 26만 번 정도 공유되었다. 또한, 트럭운전사들이 만든 '분노하는 프랑스' 페이스북 그룹의 회원은 20만 명이 넘었다.

---

117) 심성은(2019: 123-124).
118) https://www.facebook.com/J.Mouraud

제3절

정보 제공의 네트워크 효과

SMS, 홈페이지, 블로그, 모바일 메신저, 소셜 미디어에 걸친 기술 변화 과정을 통해 시민 집회의 정보들이 각기 다른 형태로 전세계에 확산되었다. 게이트 키핑이 빈번하고, 주로 자국 뉴스만을 전달하는 매스 미디어 시대와는 비교하기 어려운 글로벌 정보 교류의 장이 뉴미디어를 통해 열린 것이다.

그 과정에서 콘텐츠는 텍스트, 이미지, 동영상, 그리고 이 셋을 모두 합친 형태로 진화하였으며, 수많은 정보를 좀 더 알기 쉽게 전달할 수 있도록 해시태그와 같은 독특한 전달 방식이 발 빠르게 등장했다. 이 모든 것이 진행되는데 채 20년이 걸리지 않았다.

이 외에도 뉴미디어의 정보 제공형 시민 기술로 인해 나타난 새로운 현상은 '정보 습득 효과'와 '정보 이해 효과'를 가장 특징적인 사회적 기여로 평가할 수 있을 것이다.

1. 이슈 인지 효과:
무슨 일이 발생하는지 알겠다

여전히 매스 미디어의 이슈 선점 효과는 지배적이다. 아무리 ICT가 확산되고 누구나 스마트폰을 갖고 있는 사회가 되었다 한들, 방송과 신문의 위력은 압도적인 것이 현실인 것이다. 그러나 미디어와 기술의 발전이 시민 집회 현장에 큰 역할을 했다는 것 또한 부정하기 어렵다.

누군가 지켜보고 보도하는 것이 아니라 현장에서 당사자가 생산한 정보를 실시간으로 볼 수 있는 시대가 되었으며, 글로벌 뉴스를 챙겨보지 않으면 도저히 알지 못했을 각국의 사회변화 정보에 대해서도 폭넓게 알 수 있으니 말이다.

엘슨 등은 이러한 ICT의 정보 제공 효과를 분석하면서 주요 사건 정보 확산, 정치적 공론 형성, 해당 국가 외부 국민들의 동조 등이 이루어졌다고 평가했다.[119]

누군가는 피플 파워 II를 SMS혁명, 그린 운동을 트위터 혁명, 아랍의 봄을 페이스북 혁명, 월스트리트 점령운동을 유튜브 혁명이라고 부를 수도 있지만 앞으로는 이런 말이 나오지 않을 것이다. 이미 모든 매체를 동시에 활용하는 시대가 되었기 때문이다.

또한, 이러한 규정과 명칭 외에 중요한 핵심은 왜 이들이 그런 미디어를 이용했는가이다. 가장 긴박한 순간에 자신들의 사회와 국가의

---

119) Elson etc. (2012: 3).

상황을 알리기에 가장 효과적인 미디어였기 때문이다. 즉, 가장 기본적인 분석이지만 ICT를 통한 정보 제공의 핵심 효과는 당사자뿐만 아니라 국내외 사람들이 '무슨 일이 발생하는지 알게 되는' 이슈 인지에 영향을 미쳤다는 것이다.

아는 것과 실행하는 것은 별개이지만 적어도 알게 되어야 공감하고 실행할 수 있는 가능성이 높아지는 것 또한 사실이다.

2. 이슈 이해와 공감 효과:
문제가 문제란 걸 알겠다

매스 미디어의 사건에 대한 정보 발신은 일회성으로 끝나는 경우가 대부분이다. 특별히 탐사보도나 기획취재를 하지 않는한 종합적으로 충분한 정보를 보기는 어렵다. 반면 뉴 미디어의 정보들은 정리되지 않았지만 수많은 정보를 초 단위로 발신한다. 관심있는 사람이라면 그 정보를 엮어서 문제의 심각성, 범위 등의 특징을 파악할 수 있다. 즉, 뉴 미디어는 매스 미디어에 비해 이용자의 관여력이 상대적으로 높다.

처음부터 관심이 있었는데 더 잘 알게 되기도 하고, 별로 관심이 많진 않았는데 많은 정보를 보다 보니 절로 눈길이 가서 관심이 생기기도 한다. 어떤 순서로 정보를 접하게 되든 ICT의 정보 제공을 통해 관심의 깊이가 형성되는 효과가 있다는 것이 중요하다. 이를 '문제가 문제임을 알게 되는' 이슈 이해와 공감 효과라고 할 수 있다.

지지하든 반대하든 지켜보는 시선이 많아지면 사건 자체의 진전에도 영향을 미친다. 한 번도 자기 손으로 대통령을 뽑은 경험이 없는 나라가 여전히 지구상에 존재하고, 누구나 쓸 수 있는 ICT 서비스를 정부가 맘먹으면 차단할 수도 있으며, 다른 나라의 ICT 활동 사항을 초 단위로 분석하는 또 다른 나라도 있고, 한 사람의 죽음에 전세계가 공분할 수도 있는 등의 많은 이해와 관심이 형성될 수 있는 것이다.

이제 전세계는 독점 혹은 유력한 미디어나 행위자가 발신하는 정보를 수동적으로 따라가는 구조로 형성되지 않는다. 선형적인 지식 축적 및 일방적인 계몽 구조는 시시각각으로 변하는 네트워크 형성에 의해 해체되고 다양화되고 있으며, 누구나 자신의 관심사와 정보를 재가공하거나 발신하여 전혀 예상할 수 없는 다른 범위의 행위자들과 연결될 수 있다.

ICT의 정보 제공 방식은 다양한 기술 형태로 나타날 수 있지만 인지 구조의 네트워크화를 이끌면서 동원과 참여로 이어지는 단초를 마련하게 되었다. 제2장에서는 정보 제공으로 나타난 1단계 효과로서 다양한 차원의 동원이 이루어지는 과정을 분석한다.

DEMOCRACY

제3장 | **자원동원형 시민 기술**

제1장에 제시한 것처럼 시민들은 SMS, 홈페이지, 블로그, 모바일 메신저, 소셜 미디어 등을 통해 정보를 습득하게 되면, 사건이 발생한 사실 자체를 정보로 알게 되며, 사건의 중요성에 대해 공감하거나 관심을 갖게 되기도 한다.

공감이나 관심을 갖는 정도에 따라 자원을 동원하고자 하는 활동의 강도도 달라진다. 좀 더 깊게 관여하고자 하면 좀 더 적극적으로 동원하고자 할 수 있다. 그렇게 시민 집회에 동원되는 자원은 기술도 있고, 사람도 있고, 돈도 있다. 많은 사람을 동원한다는 것은 시민 집회의 범위가 넓어져 그만큼 힘이 커졌다는 것을 의미한다. 많은 기술을 활용한다는 것은 사람에게 도달할 수 있는 정보력이 커졌음을 의미한다. 많은 자금을 확보했다는 것은 더 많은 기술과 사람을 움직일 능력이 커졌다는 것을 의미한다.

제2장에서는 자원 동원형 시민 기술을 소개한다. 사람이 모이는 대표적인 형태는 커뮤니티를 들 수 있고, 자금이 모이는 대표적인 형태는 크라우드 동원을 들 수 있다. 커뮤니티와 크라우드 동원을 통해 시민 집회는 더욱 확장하는데, 본질적으로는 국내외 연대 효과와 수평적 다중 효과(민주적 동원 효과)가 등장하게 되었다.

제1절

___

사람 동원:
모이고 연결되는 것이 힘이다

1. 개인과 커뮤니티 연결

1) 오렌지 혁명(2004년)

2004년 우크라이나 오렌지 혁명에서 가장 큰 활약을 한 온라인 거점은 야당 후보 지지와 사회 변화를 원하는 청년단체들의 홈페이지 포라(Pora, 우크라이나어로 'Its time')였다. [120] 포라는 시민 집회 시기의 진행 상황을 매일 올리고 인적 자원을 결집시키며 동원 활동도 전개했다. [121]

그 결과, 150개 선거 모니터 요원 그룹을 만들었고 72개 지역에

___

120) http://www.pora.org.ua
121) Whiteside(2014: 25).

서 자원봉사자 3만 명을 모았다. 이 과정에서 정부의 각종 규제를 피할 수 있는 장치가 된 휴대폰이 중요한 도구가 되었다.

또 다른 중요 거점은 뉴스 서비스 프라브다(Pravda) 홈페이지였는데 영어 서비스를 제공하며 국제적 공조도 이끌어냈으며 시민과 전문 언론인을 연결하는 데도 기여했다.[122]

2) 쇠고기 수입 반대 촛불 집회(2008년)

2002년 촛불 집회에서는 안티미군사이버 범국민 대책위[123]가 있었고, 2004년 촛불 집회에서는 '국민을 협박하지 마라'[124]라는 사이트가 있었다. 2008년 5월 2일 광화문에서 첫 촛불 집회를 주최한 단체는 '2MB탄핵 투쟁연대'[125]라는 온라인 커뮤니티였다. 이후 (취미, 미용, 연예 등) 수많은 비정치 온라인 커뮤니티와 2004년에 다음(Daum)이 서비스를 시작한 인터넷 토론 게시판 '아고라'[126]에 청원이 폭발하면서 촛불 집회의 중요한 핵심적 역할을 했다.

또한, 2008년 촛불 집회에서 오프라인에서는 시민운동단체의 대규모 결집이 이루어져 1,700여개 시민사회단체가 '광우병 국민대책회

---

122) Goldstein(2007: 5).

123) http://www.antimigun.org

124) http://cafe.daum.net/antitanhaek

125) http://cafe.daum.net/antimb, 후에 '이명박 탄핵을 위한 범국민운동본부'로 이름 변경.

126) http://agora.daum.net

의'를 발족했다. 그리고 온라인 공간에서는 2008년 5월 26일 인터넷 촛불 집회 홈페이지가 등장하였다.

2008년 촛불 집회의 도화선은 4월 29일 방영된 MBC PD수첩 '긴급취재, 미국산 쇠고기 과연 광우병에서 안전한가'였다. 2008년 4월 29일과 5월 13일에 방영된 후 네이버 지식인에서 검색어 '광우병'에 대한 검색 건수는 ―그 전에는 거의 없다가― 최대 14,000건까지 올라갔다.

2008년 5월 2일 처음 시작된 광장에서의 집회에는 경찰의 예상 참여 인원이 300명이었던 반면 실제로는 1만 명(경찰 추산)이 참여했다. [127)] 연예인 팬클럽과 여중고생들이 적극적으로 참여했던 촛불 집회는 6월 말까지 2개월간 진행되었다. 대략 5월 2일부터 7월 12일까지

300여만 명이 참여한 것으로 추산되었다. 이 과정에서 기존 언론 비판, 기업 불매 운동 등 소비자 운동이 파생하기도 했다.

온라인 공간에서의 정보 생산은 아고라 토론방이었는데, 아고라는 집회 발생부터 구체적인 전개에 이르기까지 핵심 역할을 하는 '통제되지 않는 지도부'였다.[128]

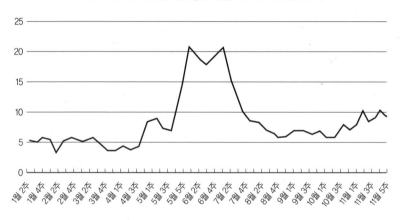

〈그림 3-2〉 2008 촛불 집회동안 다음 아고라 페이지뷰 추이

＊출처: 고종원·이한우·최규민(2009)

아고라에는 PD 수첩에 대한 많은 감상평이 게시되었고 이는 수많은 웹사이트로 확산되었다. 여기에는 비정치 커뮤니티, 여성 커뮤니

---

127) 고종원 외(2009: 21, 79, 85).
128) 최재훈(2015: 82).

티, 연예인 팬클럽 커뮤니티, 각종 온라인 카페 등이 포함된다. [129)

온라인 커뮤니티는 촛불 집회의 중대한 고비마다 새로운 아이디어와 레퍼토리를 제공했다. 참여자들이 토론장에서 자신의 아이디어를 올리면, 이는 다른 이들의 호응으로 이어져 현장에서 집회 구호로, 현수막의 문구로, 시위 방식으로 구체화되었다. [130)

비정치 온라인 커뮤니티들은 (과거 집회들의 주요 표현 방식인) 구호, 깃발, 피켓을 금지하는 '3불(不)집회'를 원칙으로 발표하며 차별화를 꾀했다. 또한 이념 갈등 금지, 학생 동원, 폭력 행위 금지 등 순수한 시민 집회를 표방했다. 그 결과, 기존 사회운동 단체 중심 집회가 아닌 학생, 가족, 여성(유모차 부대, 연예인팬클럽 등), 직장인 등 일반 시민 참여가 높게 나타났다.

무엇보다 중요한 것은 온라인 커뮤니티를 통한 인적 동원이 위력을 발휘하였다. 다음 아고라를 통해 예비군의 참여가 나타났고, 아이돌 팬클럽 커뮤니티들이 집단으로 참여했으며, 여성 삼국카페('화장발', '쌍코', '소울드레서'), '82 Cook'(여성정보 커뮤니티), '엽혹진'(엽기 혹은 진실, 연예 정보 사이트)[131) 등 비정치적 커뮤니티 참여가 활발하게 나타났다.

또한, 여중생에서 유모차 부대까지 여성 참여가 증가하였고, 이를 통해 생활 정치 이슈가 확산되는 계기가 형성되었다. 이들은 시민단체 등을 통해 연행자에게 변호인단을 제공했고, 각 커뮤니티에서 김밥,

---

129) 최재훈(2015: 82).

130) 최재훈(2015: 84).

131) http://cafe.daum.net/truepicture

〈그림 3-3〉 2008 촛불 집회 온라인 채널별 관련 게시글 분포

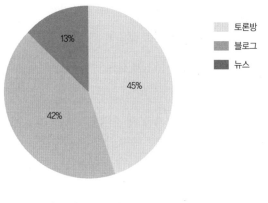

온라인 공간의 쇠고기 수입 게시글 분포

토론방
블로그
뉴스

45%
42%
13%

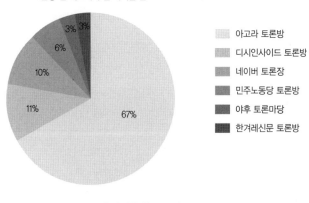

토론방 간 쇠고기 수입 게시글 분포

아고라 토론방
디시인사이드 토론방
네이버 토론장
민주노동당 토론방
야후 토론마당
한겨레신문 토론방

67%
11%
10%
6%
3% 3%

＊출처: 장우영(2008: 41)

물, 비옷, 사다리, 대형 태극기, 땔감 등 집회 관련 물품을 제공했으며, 'MLBPark(미국 메이저리그 정보커뮤니티)[132]', '소울드레서' 등은 신문 광

---

132) http://mlbpark.donga.com; http://www.mlbpark.com

고로 의견을 표출하였다.

이런 현상은 2008년 촛불 집회의 주역이 온라인 커뮤니티라는 분석으로 이어진다. 실제로 이들 커뮤니티의 방문자(traffic) 분석 결과에 의하면 이 기간 동안 방문자 수가 급증하는 것을 볼 수 있기도 하다.

주간 방문자 수에 있어서 가장 먼저 상승세를 보이는 것은 5월 넷째 주에 방문자가 13만 명에 이른 MLB Park이고, 가장 많은 방문자 수 규모를 보이고 있는 것은 6월 셋째 주에 33만 명까지 방문한 82 Cook이다.

<표 3-1> 주요 비정치 커뮤니티의 페이지뷰

주간 방문자 수	MLB Park	엽혹진	82 Cook
04월01주	18,049,841	6,815,442	2,738,782
04월02주	13,959,817	6,601,417	3,164,433
04월03주	16,694,592	6,801,617	2,928,900
04월04주	19,475,122	5,943,619	3,127,296
05월01주	21,823,645	9,182,243	2,860,712
05월02주	23,284,327	7,472,377	2,236,821
05월03주	18,883,889	8,022,132	3,332,552
05월04주	29,954,893	8,345,738	4,548,158
06월01주	29,824,177	10,582,988	4,834,834
06월02주	22,586,532	9,022,617	4,832,519
06월03주	25,840,657	8,890,888	9,970,700
06월04주	20,949,123	9,109,394	5,770,974
06월05주	19,756,841	13,584,856	8,605,508
07월01주	18,919,060	14,187,425	6,717,945
07월02주	26,823,913	13,573,156	8,124,897

＊출처: 랭키 닷컴(http://www.rankey.com)

MLB Park에 5월 넷째 주 방문자가 증가한 이유는 소울 드레서의 5월 19일 신문 광고 게재 다음으로 MLB Park가 5월 26일에 경향신문에 후원 광고를 게재했기 때문인 것으로 보이며, 82 Cook에 6월 셋째 주 방문자 수 규모가 다른 때의 2-3배 증가한 것은 보수 언론의 광고 압박 법적 대응에 대한 적극적 저항이 나타나 이에 대한 네티즌 관심이 증가한 것이라고 평가할 수 있다(〈표 3-1〉).

집회가 진행되면서 구호는 매우 다양하게 변화되었는데, '협상 무효 고시 철회', '이명박 나와라', '택시비 택시비', '기말고사 책임져라', '명바기는 자고 있나', '이명박은 물러가라', '비폭력 비폭력' 등 단순히 미국산 쇠고기 수입 반대뿐만 아니라 부적절한 대응을 하고 있는 정부에 대한 비난, 그리고 집회 방법에 대한 이견 및 학생들의 요구사항도 나타났다.

포털도 강력한 의제 설정 지원 공간이었다. 네이버의 경우 촛불 관련 검색어 시작은 광우병과 탄핵 시위로 나타났으며, 다음의 경우는 네이버보다 하루 늦은 5월 2일부터 검색이 시작되었지만 단지 광우병과 시위에 대한 관심보다는 인터넷 종량제 혹은 구체적인 사망 청년이나 자료 등에 더 많은 관심을 보이며 진행되기 시작하였다.

3) 그린 운동(2009년)

2009년 이란의 선거 부정 항의 집회에서 페르시아어로 '최고'를 의미하는 온라인 커뮤니티 사이트 발라타린[133]을 통해 시민들은 자신이 선호하는 블로그를 게재하고, 다른 링크들의 랭킹을 투표했다.

발라타린은 이란 온라인 커뮤니티와 위성 TV논객들이 페르시아어로 된 모든 블로그와 사이트를 모두 모아 하나의 공공 온라인 공간에 게재하도록 하는 종합 정보 서비스를 제공했는데 정보 수집뿐만 아니라 시민을 집결시키기 위한 공간 역할을 할 수 있었던 것은 이 때문이다. 발라타린은 2006년 서비스를 시작한 후부터 수많은 사이버 공격의 목표가 되었다.[134]

당시 이란의 네트워크 환경에서는 인터넷 접속이 느려서 유튜브 대신 BBC 페르시아어 서비스 채널, 보이스오브아메리카(Voice of America, VOA), 재외 이란인이 운영하는 위성 TV 프로그램 등이 영상물 전송에 이용되었다. 발라타린, BBC페르시아어 서비스 채널(가장 영향력 있는 재외 뉴스 네트워크), 그리고 파스 뉴스 통신에 대한 구글 검색 횟수는 주요 사건 이후 절정에 달했다. 그중 빈도가 가장 높았던 때는 2009년 6월 12일 대선일이었고, 2011년 12월 27일 아수라 시위동안 사건이 발생했던 기간이 뒤를 이었다.[135]

정부가 이메일 비번을 알아내기 위해 반정부주의자들을 고문하고 더 많은 반대자들을 색출하기 위해 혈안이 되어 있는 동안, 인터넷은 이란 내 시민 및 정치적 다원주의를 장려했고 반정부주의자들을 재외 이란인 커뮤니티와 기타 글로벌 커뮤니티에 연결했다. 사회적 합의와 지식 기반을 구축할 수 있었고 시민들의 집회가 가능했다는 점도

---

133) 페르시아어 뉴스 허브 발라타린은 직접 뉴스를 생산하지 않고 뉴스 링크 모음을 게시하는 곳이다(https://www.balatarin.com).

134) Diamond & Plattner eds. (2012: 219-220).

135) Diamond & Plattner eds. (2012: 220).

ICT가 야기한 혁신적 결과라고 평가할 수 있다. [136)

4) 아랍의 봄(2011년)

시민들은 세르비아 독재자 슬로보단 밀로세비치(Slobodan Milosevic)를 실각시킨 민주화 운동 단체 '오트포르(Otpor)[137)]'의 파생 단체인 '캔버스(Canvas, Centre for Applied Nonviolent Action and Strategies)'를 포함한 다양한 네트워크를 통해 서로 소통했다. '4월 6일 청년 운동' 그룹의 회원들은 베오그라드로 여행을 가거나 세르비아 혁명가들을 이집트로 초대하여 평화적 시위 조직 방법을 직접 배우기도 했다. [138)

예멘 포털은 2007년 5월 서비스를 시작하였는데 2007년 1월부터 2008년 1월까지 전세계 방문자 수 20만 명, 순방문자 수는 68,000명을 기록하였다. 이에 정부는 2008년 1월부터 방화벽을 이용하여 예멘 포털 검색을 시작하였다. [139)

---

136) Diamond & Plattner eds. (2012: 24).
137) 오트포르는 1998년 베오그라드 대학생을 중심으로 결성되어 2000년 유고슬라비아의 부정선거에 항의하는 평화집회인 '불도저 혁명'을 성공시킨 바 있다.
138) "Serbian ousters of Milosevic make mark in Egypt."(The Huffington Post 2011.2.22); "A Tunisian-Egyptian Link That Shook Arab History."(The NewYork Times 2011.2.13.)(Rainie & Wellman 2012: 317; 마사아키·김경화 2018: 172).
139) Diamond & Plattner eds. (2012: 198).

2. 글로벌 연대와 지지 네트워크

1) 사바티스타의 전자시민 불복종과 국제적 참여(1998년)

21세기의 시민 집회는 아니지만 온라인 시민 집회의 최초 사례 혹은 전자적 시민 불복종의 대표 사례 그리고 국제적 참여가 이루어진 사례로서 사파티스타 사례를 들 수 있다.

전자적 시민 불복종이라는 개념은 멕시코 치아파스 지역의 사파티스타 단체에 대한 국제적 지원을 유발하기 위한 목적에서 시작되었다. 1998년 4월 자신을 전자교란극장이라고 부르는 일군의 운동가들이 가상 시위라고 알려진 행동을 했다.

운동가 그룹은 평화적이고 비폭력적인 시위로 물리적 형태의 시위를 인터넷에 그대로 옮겨서 사파티스타 지지자들이 자신의 웹브라우저에 멕시코 정부의 웹사이트 주소를 입력하고 정부의 웹사이트 접근을 차단하기 위해 반복적으로 이런 링크를 시도하게 함으로써 정부 컴퓨터 서버 속도를 늦추도록 유도했다.

전자교란극장에 의하면 지정한 날 시위가 지속되는 동안 전세계에서 활동하고 있는 8,000명 이상의 사회운동가들이 가상 시위에 참여했다.[140] 카스텔은 사파티스타의 이런 형태의 운동을 최초의 정보적 게릴라 운동으로 명명했다.[141]

---

140) Atton(2007: 30-31).
141) Castells(1997: 79).

2) 아랍의 봄(2011년)

글로벌 연대와 지지 네트워크는 2000년대 초반 구소련에서 독립한 국가들에서 진행된 색깔 혁명 등에서도 있었다. 그러나 당시의 글로벌 연대와 지지는 폭넓은 일반인의 지지라기 보다는 서방 국가와 언론의 지지 성격이 강했고 이에 대한 논란도 있었다.

좀 더 광범위한 글로벌 지지는 2009년 이란 그린 운동에서 본격적으로 진행되었으나 다만 이 때에는 국제적으로 의미가 통용될 수 있는 번역어 서비스 제공 등 기술적인 지원이 주를 이루었다는 점에서 한계가 있었다.

즉, 본격적인 글로벌 지지는 2010년대 초의 아랍의 봄부터 이루어졌다고 볼 수 있는데 단순한 기술적 지원뿐만 아니라 커뮤니티 연대나 국제적 지원과 공조 요청 자체를 목적으로 하는 정보 발신이 적극적으로 이루어졌기 때문이다.

1999년 사파티스타 저항부터 수많은 사회운동과 시민 집회에 대한 국제적 관심이 형성되어 왔지만 인터넷이 대중화된 지 10년이 지나서야 국제사회에서 역동적인 연결이 시작된 것이다.

2011년 아랍의 봄에서는 소식을 알리기 위한 알 자지라(Al Jazeera)의 온라인 활용 또한 매우 적극적이었다. 전세계에서 6천만 명이 시청하는 알 자지라는 신속한 보도[142], 전문적 해석, 배타적 저작권

---

142) 이들의 보도는 텍스트만으로 이루어진 것이 아니라 인터넷 사이트를 통해 스트리밍 속보로 제공되었다. 이후 이집트에서는 1월 30일 알 자지라의 카이로 지국이 폐쇄되었고, 31일에는 기자 6명을 체포하기도 하였다.

(copyright)이 아닌 개방적 저작권으로서 CC(Creative Commons)를 활용하여 다양한 플랫폼에 여러 형태의 콘텐츠를 유통시켰다. 이와 같은 적극적인 콘텐츠 배포 전략은 드러나지 않은 폐쇄적 지역으로서의 이슬람을 세계 무대에 부각시킨 성공적인 전략이었다.

한편, 알 자지라 뿐만 아니라 평화와 민주화 운동을 주로 보도하는 데모크라시 나우(Democracy Now!), 이미 유명한 진보적 블로그 언론인 허핑턴 포스트(Huffington Post), 슬림 아마무[143]의 튀니지 인터넷 감시 폭로 게재로 유명한 미디어 리드라이트웹(ReadWriteWeb)과 같은 온라인 미디어도 국제적 확산에 큰 기여를 했다. [144]

아울러 혁명 이전에는 튀니지 혁명의 도화선을 제공한 위키릭스의 미대사관이 작성한 튀니지 정부 부패 문건도 아랍의 봄에서 매우 중요한 역할을 했다고 평가받고 있다.

또한 네트워크 활동가 그룹 어나니머스의 합류도 글로벌 공조에 큰 영향을 미쳤다. 이들의 활동을 통해 중동 아랍의 봄이 스페인 인디그나도스와 월스트리트 점령운동으로 이어지는 활동가들의 네트워크에도 영향을 미쳤다.

그러나 한편으로는 잘 알려지지 않은 이런 미디어의 활동 외에 서구 기존 매스 미디어의 대응은 느리거나 혁명에의 영향이 미약했다는 비판도 제시되었다. [145]

---

143) 슬림 아마무는 컴퓨터 프로그램 회사를 운영하며 해적당(Pirate Party)의 일원이기도 하다.

144) 조희정(2012a).

145) Cottle(2011).

3) 인디그나도스 운동(2011년)

스페인 공원 점령에서는 거대한 텐트촌과 다양한 가게, 공공식당, 탁아소, 도서관, 아이디어를 축적하는 아이디어뱅크 등이 등장했으며 참가자들의 생각을 공유하기 위한 '생각하는 날'이 지정되었다. 인프라, 진행, 규율, 존중, 식료, 법무, 정보, 도서관, 대외관계, 어린이, 페미니즘, 이민자, 종교, 동물보호 등에 대한 워킹 그룹이 생겨났다.

2011년 6월 12일 마드리드 시민 집회는 푸에르타 델 솔 광장에서 일시적으로 퇴거했으나 1주일 뒤 전국 규모 큰 집회를 준비하여 6월 19일 '데모크라시 레알 야'가 주최한 집단 행동이 스페인 전역 80개 도시에서 개최되어 참가자는 2배 이상 불어나 약 25만 명에 달했다.

인디그나도스 지도자들은 스페인에서 집회 시작 후 5개월이 되는 10월 15일에 세계적 규모의 집회를 제안했다. 그 결과 전세계 80개국, 900개 도시에서 대규모 집회가 전개되었다.

4) 블랙 혁명 이후의 밀크티 동맹(2019년)

아시아의 정치적 위기에 저항하는 대만, 태국, 홍콩의 청년들은 '밀크티 연맹(Milk Tea Alliance)'이라는 온라인 연합체를 구성하였다.[146] 밀크티 동맹이란 명칭은 홍콩, 타이완, 태국에서의 주로 마시는

---

146) 나무위키 '밀크티 동맹'(https://namu.wiki/w/%EB%B0%80%ED%81%AC%ED%8B%B0%20%EB%8F%99%EB%A7%B9); "트위터, 아시아 '밀크티 동맹' 위한 이모지 출시."(BBC 2021. 4. 9.)

〈그림 3-4〉 대만, 태국, 홍콩의 밀크티 동맹

＊출처: 나무위키 '밀크티 동맹'

밀크티 인기를 민주화 운동 열기에 반영한 것이다.

태국 학생 운동가가 처음 제안한 이 동맹은 우산 운동과 블랙 혁명의 핵심 인물이던 조슈아 웡이 2020년 태국 반정부 집회에 연대를 표하며 더욱 급격히 확산되었다.

트위터는 2020년 1년 동안 #MilkTeaAlliance 해시태그가 포함된 트윗이 1,100만 개 이상 올라왔으며 미얀마 군부의 쿠데타 이후 관련 해시태그 사용이 최고조에 달했다고 밝혔다.

정보와 자금 동원:
데이터 밑천으로 사람을 모으자

1. 위키 문화와 아카이브 행동주의

위키 문화와 아카이브 행동주의는 좀 더 진일보한 방법으로 시민 집회에 나타난다. 즉, 양적으로는 다수의 자발적인 참여로 정보를 축적하고, 질적으로는 그 정보의 다차원적 확산을 도모하는 방식을 채택한 것이다. 이런 과정을 통해 선형적으로 혹은 위계적으로 동원하는 일차원적인 동원이 아니라 다차원적인 동원이 이루어질 수 있다는 것을 보여주고 있다.

모두 참여할 수 있는 방식으로 구성되고 있는 위키피디아가 전문가들이 만든 브리태니커사전만큼 신뢰도가 있다는 것도 이미 오래된 이야기이다. 위키 방식으로 축적된 정보는 때로 위키리크스나 우샤히디처럼 정부 부패 폭로 기능을 하기도 한다. 시민 집회 역시 마찬가지이다. 매 사건이 있을 때마다 관련 사건에 대한 위키 정보가 축적되는 것은 이제 새로운 일이 아니다.

이러한 위키 방식의 동원은 크게 위키 정보 제공과 해커톤으로 구분할 수 있다. 위키 정보 제공은 다수의 정보를 개방적 방식으로 축적하여 한 눈에 볼 수 있는 편리한 플랫폼을 구현하는 것이고, 해커톤 방식은 개발자들이나 개발 능력이 있는 시민들을 동원하여 시민 집회에 활용할 수 있는 다양한 아이디어를 모아 서비스로 구현하는 방식이다.

1) 국정농단 비판 촛불 집회(2016년)

대표적인 정보 아카이빙 사례는 '시민혁명 공론장 위키'이다. 2016년 11월 9일에 개설된 이 서비스는 편집자 7명이 총 32개 문서를 편집하여 게시했는데, 시민 집회의 시간별 진행 현황, 각 학교 성명서, 시국선언, 읽을 만한 칼럼 등을 색인과 태그별 주제의 문서로 제공했다.

〈그림 3-5〉 시민 혁명 공론장 위키

＊출처: http://ko.democracyway.wikidok.net/Wiki

2016년 집회 과정에서 온라인 커뮤니티는 청문회에서 과거 자료를 신속히 검색하여 제보하거나 관련 인물 동선을 추적하여 제보하는 등 정보를 적극적으로 제공하며 참여했다.

2008년에도 활발한 활동을 한 아이돌 팬클럽이 연합하여 '민주 팬덤연대'로 참여했다. 이들은 트위터를 통해 결집하고, 자신이 응원하는 아이돌 응원봉을 들고 '다시 만난 세계'와 '탄핵 축하송'에 맞춰 행진했다. [147]

2016년 촛불 집회에서 특히 주목을 받았던 것은 디시인사이드 (DC Inside)의 '주식갤러리(주갤)'였다. 디시인사이드 내에서 야구갤러리 다음으로 인기 있던 주갤은 제3의 국조위원, 명탐정 주갤 등의 명칭으로 불리며 우병우 팔짱 사진 촬영 거리 측정, 우병우 차량번호, 차량 추적, 우병우 텔레그램 가입 확인 등의 활약을 하였으며 특히 청문회 과정에서 김기춘 위증을 박영선 의원에게 제보하여 유명해졌다.

이들의 제보 경로를 보면, 2016년 12월 7일 19시 40분에 '오늘의 유머' 커뮤니티 이용자 '㈜실성사이다' [148]가 자료를 발견하여 직접 전달할 방법이 없으니 자신의 글을 손혜원, 안민석의원에게 제보해달라고 요청하였고, 21시에 이 글을 본 주갤 이용자가 손혜원 의원에게 전달하고[149], 손 의원이 자신보다 질문 순서가 빠른 박영선 의원에게 전달하여,[150] 22시에 박영선 의원이 청문회에서 김기춘에게 '최순실 모른

147) https://www.youtube.com/watch?v=r03y84hsUAg

148) http://www.todayhumor.co.kr/board/view.php?table=bestofbest&no=28
    7895&s_no=287895&page=4

149) http://gall.dcinside.com/board/view/?id=stock_new1&no=5040829

다'는 발언에 대해 위증이라고 공격했다. 이 모든 과정이 불과 3시간 만에 일반 시민에서 의회로 전달된 것이다.

한편, 정치 스타트업 와글은 사실 기록과 온라인 콘텐츠 분석의 두 가지 전략을 시행하였다. 먼저, 사실 기록을 위해 2016년 11월 9일부터 위키 문서로 박근혜-최순실 부역자 인명사전을 제공하였다. 이 문서는 편집 멤버로 가입한 사람들이 작성할 수 있는 방식인데 11월 16일을 기준으로 두 명의 운영자와 8명의 편집자가 306개 문서를 작성하였다.

<그림 3-6> 박근혜-최순실 부역자 인명사전

＊출처: http://ko.queenmaker.wikidok.net/Wiki(검색일: 2016.11.20.)

---

150) http://www.todayhumor.co.kr/board/view.php?table=bestofbest&no=288007&s_no=288007&page=1

2016년 11월 16일에는 와글과 YMCA 전국연맹이 박근혜 이후를 준비하는 시민 공론장 '박근혜 게이트 닷컴'을 열었는데, 메인 화면에서 대통령의 거취를 묻는 여론조사를 실시하고, 앞으로의 행동에 대해 논의하는 대책 토론방 및 오프라인 모임을 공유하는 시민 행동도 제공하였고, 각종 시국선언문에 나타난 언어 의미망을 빅데이터 분석하여 제공하였다. 그러나 이 서비스는 12월 8일부터 온라인 시민의회로 전환하여 시민대표를 선출하는 과정에서 큰 갈등을 겪었다.

2. 크라우드 동원

1) 쇠고기 수입 반대 촛불 집회(2008년)

현장의 시민기자단이 집회 현장을 생중계 하는 등 스트리트 저널리즘(Street Journalism)이 본격화되었다. 실시간 인터넷 방송 서비스 아프리카의 생중계 방의 총 시청자 수는 5월 25일부터 6월 1일까지 400만 명을 넘었고, 6월 1일 하루에만 2,500개 방송, 동시 최대 500개 생중계방과 10만 명의 동시 시청자 수를 기록했다. [151]

---

151) 고종원 외(2009: 193).

2) 아랍의 봄(2011년)

2011년 아랍의 봄 참여자들은 네트워크와 자원을 최대한으로 활용했다. 실제로 튀니지와 세르비아에서 이미 혁명에 성공한 사람들의 조언을 구해 그대로 시위에 적용했다. 예를 들어, 최루탄 가스에 대비하여 레몬, 양파, 생강 냄새를 미리 맡고 가거나, 스프레이 페인트로 경찰차의 바람막이 창을 엉망으로 만들었고, 집회 참가자들은 자신의 몸을 플라스틱 병이나 두꺼운 판자 등으로 보호했다. [152] 전단지 같은 전통 매체를 이용하여 인터넷 연결이 어려운 사람들의 시위를 유도하는 노력도 아끼지 않았다. [153]

그리고 온라인상으로 상세한 시위 계획과 전략 등을 공지하고 공유하여 철저한 대비 태세를 갖추었다. 이집트 블로거인 마흐무드 살렘(Mahmoud Salem)은 '인터넷은 네트워크화된 개인들의 커뮤니케이션을 허용함에 따라 평행 세계의 또 다른 이집트를 만들어냈다고 평가했다' [154].

---

152) "A Tunisian-Egyptian Link That Shook Arab History."(The NewYork Times 2011. 2. 13.).

153) "The Secret Rally That Sparked an Uprising: Cairo Protest Organizers Describe Ruses Used to Gain Foothold Against Police; the Candy-Store Meet That Wasn't on Facebook."(The Wall Street Journal 2011. 02. 11.), Rainie & Wellman(2012: 319).

154) "The faces of Egypt's 'Revolution 2. 0'."(CNN 2011. 2. 21.).

3) 월스트리트 점령운동(2011년)

월스트리트 점령운동에서는 마이크와 확성기의 사용 허가가 내려지지 않았기 때문에, 집회 참가자들은 '인간 마이크'를 활용하여 한 마디 발언을 하면, 청중이 앞에서 뒤로 순차적으로 발언을 전달하는 방식을 이용했다. 사람이 너무 많았기 때문에 청중의 수신호로 의사 표현을 하였는데 두 손 높이 들어 흔들면 찬성, 손을 내리면 반대, 수평으로 흔들면 찬성도 반대도 아니라는 식으로 소통한 것이다. [155]

4) 국정농단 비판 촛불 집회(2016년)

크라우드펀딩 서비스 텀블벅을 통해 헌법 1조 1항, 2항 금속뱃지 제작이 이루어지고, '탄핵커톤'을 통해서는 개발자들이 24시간 모여 촛불 집회를 지원할 수 있는 다양한 서비스를 개발했다.

탄핵커톤은 개발자의 크라우드 소싱 이벤트인 해커톤처럼 참여 기술 개발자들이 모여 정치 변화에 도움되는 IT 서비스를 공동 생산하는 작업이다. 시티즌 맵이나 메르스 맵 개발로 유명한 개발자 '주인백(이덕화, 벤처기업 개발자)'이 주도하여 2016년 12월 9일부터 20명이 4팀으로 24시간 작업하여 서비스를 생산했고, 이 제안을 페이팔을 통해 기부받았고, 페이스북으로도 공유했다.

개발 결과, '헌법재판소에 메시지 보내기(Candle Card)' 등 참여

---

155) 마사아키·김경화(2018: 97).

앱이 제작되어 2017년 1월 15일까지 보름만에 4,545명이 참여했다. 이와 같은 자발적인 참여는 그동안 분산적이고 개인적으로 이루어진 기술의 정치적 실천이 좀 더 결집되고 구체적인 효능감을 지향하며 진일보하고 있다는 것을 의미한다.

2016년 10월 25일에는 디시인사이드에 '최순실 갤러리'가 개설되어 25일간 15,000여 개의 글, 즉 하루 평균 600개 이상의 글이 게시되었다. 크라우드소싱에 의한 커뮤니티 맵핑도 활성화되었는데, '하야해! 하야꾸'(koreastandupnow@gmail.com이 제공. 일자별 집회 목록 제공 및 집회 내용 안내, 분노 표출(댓글 작성), 시위 꿀팁(준비물 및 행동수칙), 화장실 위치 정보 제공), '시티즌 맵', '온라인 비상 국민행동' 등에서는 집회 목

<그림 3-8> 탄핵커톤 제안 화면

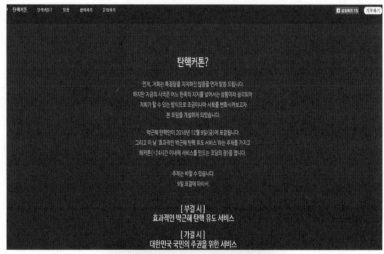

* 출처: http://www.tanhackathon.com(검색일: 2016.12.9.)

〈그림 3-9〉하야해! 하야꾸!

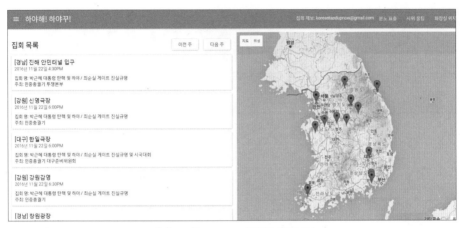

＊출처: http://hayaggu.com(검색일: 2016.11.22.)

〈그림 3-10〉시티즌 맵

＊출처: https://citizensmap.com/#_=_(검색일: 2016.11.22.)

　　　　민주주의는 기술을 선택한다: 세계 시민 집회와 시민 기술

〈그림 3-11〉 박근혜 대통령 탄핵 소추 상황 공유 서비스의 날짜별 콘텐츠

＊출처: http://getoutpark.bakufu.org/index.html(검색일: 2016.12.1.)

록을 지도상에서 일목 요연하게 볼 수 있으며, 실시간 집회에서의 동영상과 사진도 제공하였다.

또한 '박근혜 대통령 탄핵 소추 상황 공유' 서비스는 12월 1일부터 탄핵 찬성과 탄핵 반대 의원의 현황을 한 눈에 알 수 있도록 매일 지역별 지도를 제공했다.

이렇게 새로운 ICT는 새로운 수준의 편집 통제력을 확보함으로써 매스 미디어의 여과장치에 의해 시민 집회가 왜곡당하는 것을 막아준다.[156] 또한 뉴미디어 덕에 전통적인 의제 선정을 우회하고 대안적 관점을 제공할 수 있게 되었다.[157]

---

156) Garrett 2006: 214).
157) Harlow & Harp(2012: 199), 이항우(2012b: 260)에서 재인용.

자원동원의 네트워크 효과

1. 정보 연대 효과:
데이터와 정보로 뭉친 우리

고전적인 사회 운동 연구에서의 동원은 소수 그룹이 의제를 제안하면 대중이 따르는 과정을 특징으로 보았다. 물론 대중의 호응이 있었기 때문에 혁명과 사회운동이 지속되고 성공할 수 있는 것이었지만 '동원'의 방향성이나 범위 측면에서는 수동적인 시각이 내재되어 있었다.

그러나 ICT를 통해 정보 생산, 의제 발산 및 정보 유통 능력을 가진 대중이 많아진 21세기에는 자원 동원 이론 자체가 좀 더 다층적 분석을 통해 보완될 필요가 있다. 정치적이든 비정치적이든 나와 우리의 커뮤니티라는 네트워크가 존재하고, 그 네트워크의 범위가 국경을 넘을 수 있으며, 누구나 편집할 수 있는 것은 위키피디아 같은 거대한 종합적 프로젝트 뿐만 아니라 시민 집회 마다의 위키 방식 적용이 가능해졌고, 개발자뿐만 아니라 남녀노소 누구나 모여 해커톤을 할 수 있는 환경이 갖춰졌기 때문이다.

즉, 정보의 연대가 의제의 연대, 사람의 연대로 이어지고 그 안에서 네트워크 효과에 의해 관여력이 확산되고 있다. 상황이 이 정도가 되면 정부의 몇 개 서비스에 한정된 규제나 감시는 효과적으로 진행되기 어려워진다. 오직 소통 노력만이 필요한 상황이 되는 것이다.

자원 동원형 시민 기술들은 소통의 위력과 적극성을 나타낸다. 또한 정보를 제공받고 이슈를 이해하는 데 그치는 것이 아니라 정보의 축적과 분석을 통해 아카이브 행동주의라는 특징으로까지 발전한다.

2. 민주적 동원 효과: 리더 is 뭔들

엘리트주의적인 혹은 카리스마적인 지도자가 깃발을 들고 대중을 이끄는 시대는 지났다. 지금은 그 깃발이 너무 많거나 혹은 깃발 자체만 일방향으로 바라보는 대중 자체가 존재하지 않는 시대이다.

산업사회의 대중이 존재하는 구조에서는 소수의 사람이나 집단이 정보를 독점하고 이를 알려지지 않은 통로를 통해 몰래 유통하여 결국 다수가 문제를 알게 되는 것이 일반적이었다. 그러나 네트워크 사회에서는 누구든 정보를 알 수 있고 유통시킬 수 있다. 물론 정보의 양이 너무 많아서 무엇이 진짜 정보인지 가늠하기 어려운 시대가 되었다는 푸념도 있지만 가짜 정보조차 의도가 있는 것이라고 평가해 본다면 그 모든 것이 광의의 참여정보라는 해석도 가능하다.

즉 위계 질서가 공고한 수직적 동원이 아닌 수평적이고 민주적인 동원이 가능해지면서 리더의 존재보다는 참여 범위와 참여 농도가 더 깊어졌다고 볼 수 있다. 물론 어느 정도는 여전히 소위 집행부란 존재가 있기도 하지만 한편으로는 온라인 커뮤니티 연합이 집행부가 될 수 있기도 하고, 누구나 집행부를 만들 수 있게 되어 결론적으로는 리더보다는 '나는 내가 대표한다'는 적극적 참여 의미가 강해졌다고 볼 수 있다.

DEMOCRACY

제4장 | **토론형 시민 기술**

시민 집회 과정에서는 매우 다양한 이야기들이 오간다. 정부나 정당에 대한 불만, 제도 비판, 집회 현장에 대한 소회, 집회 참여 후기 등이 포함될 수 있다. 한편, 이러한 이야기들 속에는 새로운 대안이나 제도 제시도 포함될 수 있다.

ICT 도구들은 이러한 이야기들을 토론, 투표, 청원 기법에 적용되어 수렴 기능을 한다. 예를 들어 투표 앱(application)이나 청원 서비스를 통해 광장의 시민이 요구하는 것을 온라인에서 표출할 수 있고, 많은 사람들이 다른 이들이 제시하는 새로운 청원을 보면서 문제에 관심을 갖게 되며, 문제를 해결하고, 같은 문제가 반복되지 않도록 새로운 제도를 만들 수도 있다.

단순 토론과 대화를 통해 의제들이 표출되면 수많은 의제를 선정하기 위한 주제 토론이 진행된다. 주제 토론 결과 의제가 선정되면 국회의원에게 받아들이라고 압박을 하거나 아예 의회에 본격적으로 청원하기도 한다. 이런 과정을 겪으면서 표출과 선택의 효능감을 느끼게 되면 이후에는 정책 선택 플랫폼으로 자리잡아 시민 집회 이후의 정치 변화를 선도할 수도 있다.

즉 정치적 차원에서 투표와 청원은 시민의 결집과 행동을 가장 직접적으로 표현할 수 있는 방법이며, 그 기술은 ICT 발전 과정을 통해 매우 급진적으로 진화하고 있다.

제1절

토론과 투표

1. 단순 토론과 대화

1) 쇠고기 수입 반대 촛불 집회(2008년)

우리나라에서 2002년, 2004년에는 투표나 청원보다 의제 설정과 정보 제공이 훨씬 강력하게 작동하였다. 즉, 투표와 청원, 조직화, 제도화 양상은 2008년을 거치면서 본격화되었다. 2008년 이전에는 ICT의 심도 있는 전략적 이용보다는 미디어 확산, 의제 형성과 같은 초창기 참여 모델이 주를 이루었고, 2008년에 들어와서야 같은 동영상이라도 전략을 포함한 동영상, 같은 메시지라도 더 잘 확산될 수 있는 메시지를 선택하는 일종의 양질 전환과 같은 참여 전략 전환이 이루어진 것이다.

이런 전환이 이루어진 계기는 분산적인 채널이 아니라 좀 더 강력한 플랫폼이 등장한 것에서 찾을 수 있다. '많아지면 달라진다'는 클레이 서키의 주장은 다음 아고라[158)]와 같은 플랫폼에서 청원, 의견, 토론이 전개되면서 비로소 계기가 마련된 것이라고 볼 수 있다.

그리고 광장에서는 다양한 참여 문화를 기반으로 72시간 릴레이 집회, 48시간 국민비상행동, 거리 특강, 국민 M.T, 시민토론회와 같은 소통 기회를 제공하였다.

또다른 이유는 강력한 인프라와 콘텐츠 다양화에 의한 네트워크 학습 효과가 이루어졌기 때문이다. 2000년부터 2007년까지 인터넷 속도가 빨라지면서 텍스트, 이미지, 동영상을 편리하고 신속하게 업로드할 수 있는 기술 환경이 마련되었고, 두 번의 월드컵 같은 국제 이벤트, 대통령 탄핵과 같은 역사적 사건을 겪으면서 자발적 참여 폭발이 이루어져 누구나 창작자, 기자 등 이야기를 창작(storytelling)할 수 있게 된 것이다. 이처럼 기술·인적 자원이 풍부해진 상태에서 2008년 촛불 집회의 ICT활용이 이루어졌다.

2) 거브제로[159)]

대만 해바라기 운동을 주도한 오드리 탕(Audrey Tang)은 2012년 당시 대만 최고 기술 전문가였다. 2014년 해바라기운동 후 2016년

---

158) 다음 아고라 서비스는 2004년 12월부터 시작했으며, 2007년 한미 FTA 타결 전후로 네티즌 참여가 급증하였다. 또한 2007년 네이버 토론장의 위축 이후 진보적 성향의 네티즌이 결집하는 온라인 공간이 되었다(장우영 2008: 40).

159) "주도적인 인물을 앞세워 열린 정부를 추구하는 영국과 대만."(「ㅍㅍㅅㅅ」 2019.04.12.) 참조.

8월 대만 정부의 최연소 디지털 총괄 정무위원으로 임명되었다.

당시 대만 정부는 머리 위에 설치된 대형 광고판에 적힌 경제개혁 정책의 복잡한 세부 사항을 올려다보면서 넋 나간 표정을 짓는 사람을 묘사한 광고를 했다. '당신이 이해하기에는 너무 복잡하다. 하지만 걱정 말고 우리를 믿어라'라는 식의 메시지였다. 탕은 '오픈 컬쳐(open culture)' 블로그 운영자인 클레어 리처드(Claire Richard)에게 이 메시지가 정말 모욕적이라고 말했다.

그래서 해커들은 정부 예산 데이터 전체를 투명하게 공개하고 시민들이 참여해 사실을 두고 토론하도록, 일종의 그림자 정부를 의미하는 웹사이트 거브제로(g0v.tw)를 만들기로 했다.[160]

<그림 4-1> 예산 관련 거브제로

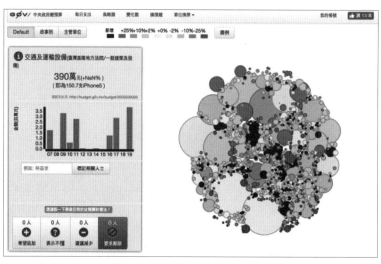

＊출처: "주도적인 인물을 앞세워 열린 정부를 추구하는 영국과 대만."(『ㅍㅍㅅㅅ』 2019.4.12.)

해커들은 엄청난 분량의 정부 제출 데이터를 몇 초면 복사할 수 있는 캡챠(captcha)로 나누었고 사람들에게 동기를 부여하기 위해 배지도 추가했다. 24시간 만에 9,000명이 참여하여 정부 데이터를 엑셀로 변환시켰다. 또한 거브제로에서는 주제별 예산 항목을 열람할 수 있을 뿐만 아니라 이에 대해 의견을 나눌 수도 있었다.

거브제로가 만들어진 2년 후 2014년 3월 18일 대만에서 해바라기 운동이 발발했다. 학생과 시민들은 대만 입법원을 점거하고 대만의 중국에 대한 불평등 지위에 항의하기 시작했다. 이것이 해바라기 운동의 시작이었는데 여기에서 해바라기는 참여자들의 '희망'을 상징한다.

3주간 입법원을 점거한 학생과 시민단체 운동가들은 문제가 된 중국과의 자유무역협정안에 대해 현장에서 분야별로 나눠 심의하고 토론했다. 그 내용은 오드리 탕이 참여한 대만의 시빅 해커(civic hacker)들에 의해 인터넷으로 실시간 스트리밍되어 입법원 밖 곳곳에 설치된 스크린으로 시민들에게 전달되었다.[161]

대만 시민들은 페이스북, 라인, 트위터와 같은 전통적인(혹은 상업적인) 소셜 미디어를 이용해왔다. 그러나 행동가들은 핵폴드(Hackfoldr)나 루미오(Loomio)와 같은 오픈 소스 방식의 혁신적인(혹은 공용의) 서비스를 활용했다. 이 서비스들은 특정 목적을 위해 신속하게 활용할 수 있으며, 협업 작업이 가능하고 수요에 맞춰 변형이 가능하다는 것이 장

---

160) 여기에서 g0v를 정부(government)를 조롱하는 0을 의미한다. 혹은 어떤 정책에 의문을 가지고 반대하고자 하는 시민이 0부터 시작하여 정책을 만들어간다는 의미이기도 하다.

161) 전병근(2021: 48-51).

점이다.

2014년 해바라기 운동에서 탕은 거브제로를 거점으로 시민, 시민단체 20곳과 함께 하면서 운동의 전과정을 온라인에서 공개했다. 그리고 거브제로에서 시민들의 의견을 수렴했다. 3주간 인권, 노무, 환경 문제에 대한 논의를 하면서 네 가지 요구사항을 도출하여 입법원 의장에게 제안했고, 의장은 모든 요구를 수용했다.

2016년 탕과 거브제로가 도모한 프로젝트는 전통적 택시 서비스 산업, 대만 정부, 우버 같은 탑승 공유 회사들의 의견을 조율하여 새롭게 규제에 접근하는 방식을 모색하는 작업이었다. 탕은 폴리스를 이용해 미묘한 차이까지 식별할 수 있는 합의 구축 과정을 조율했고, 이 과정에서 4,500명의 사용자와 운전사가 참여하여 해결책을 제시하고 의사결정과정을 실시간으로 방송했다.

그 결과 우버로부터 굵직한 양보를 이끌어내 새 법이 제정되었다. 우버는 운전사들의 자격을 더 철저하게 심사하고 보험을 제공하기로 했으며, 시민사회에서 우버의 대안이 등장하기 쉽게 되었다. 장관이 된 탕은 참여 사무관을 고용해 정부 업무에 보통 사람들이 의미 있게 참여할 수 있는 정치를 만들도록 하고 있다.[162]

2016년 민진당 차이잉원 총통이 당선된 후, 해바라기 운동의 주역인 학생과 시민들은 "국민에게 권력을 돌려달라"고 주장하며 국민투표 문턱을 낮추기 위한 개정 작업에 총력을 기울였다. 그 결과 선거 연령이 낮아졌고 국민발안을 위한 서명인 수도 대폭 하향 조정되었다.[163]

---

162) Heimans & Timms(2018: 399-400).

3) 블랙 혁명(2019년)

2019년 9월 조사에서 15~34세 홍콩 시민 49%는 텔레그램, 61%는 익명성을 보장하는 온라인 포럼 서비스 LIHKG[164]가 시민 집회에서 매우 중요한 역할을 하고 있다고 평가했다. [165]

게시판 포럼 서비스 레딧(Reddit)의 홍콩 버전으로 평가되는 LIHKG는 2014년 우산 운동 당시 통합적 플랫폼 없이 분산적으로 진행된 점과 소수 리더 중심으로 진행되어 다수의 의견 반영이 부족했다는 문제점 때문에 선택하게 된 서비스이다. [166]

이용자들은 익명으로 글을 올릴 수 있고, 자유롭게 정치 관련 콘텐츠도 올릴 수 있게 되었다. 또한 LIHKG를 통해 집회 계획을 공유하면서 추천과 비추천 등의 의견도 수렴했다. LIHKG에는 '시위 중 체포당했을 때는 이렇게 하세요', '법률 지원해드립니다'와 같은 유용한 정보가 많이 올라왔다.

---

163) 해바라기 운동 후 대만의 정세 변화에 대해서는 이진순. "대만에는 있고 한국에는 없는 것."(한겨레 2021. 12. 29.) 참조.

164) LIHKG(吹水台, 초이쏘이토이)는 2016년부터 서비스를 개시하였다. 2019년 블랙 혁명에서 LIHKG 역할에 대해서는 https://techneedle.com/archives/38433 참조.

165) "Older Hongkongers taking to online apps and social media for latest up-dates on protests, and some may join rallies too."(South China Morning Post 2019. 10. 12.).

166) 장민영. "홍콩 민주화를 이끄는 온라인 플랫폼: LIHKG."(테크니들 2019. 12. 11.).

〈그림 4-2〉 홍콩 시위대가 타임지 2019년 올해 영향력 있는
인물 TOP 5로 선정된 것을 공유한 LIHKG 게시글

＊출처: https://techneedle.com/archives/38433

2. 의제 선정 토론

1) 아고라 보팅(Agora Voting)

2014년 스페인에서 개발된 아고라 보팅[167]은 투명성을 확보하고, 보안에 강한 투표 시스템으로서 웹이나 모바일에서 모두 사용이 가능하다. 오픈 소스로 깃허브에 공개하고 있으며,[168] 저비용이므로 누구나 다운로드 가능하다.[169]

---

167) https://agoravoting.com, http://agoravoting.org
168) https://github.com/agoravoting/agora-ciudadana/wiki
169) 아고라보팅 소개 동영상은 https://www.youtube.com/watch?v=rwHCR0bD
　　K3c 참조.

〈그림 4-3〉 아고라 보팅

＊출처: http://agoravoting.org

　　스페인 포데모스는 집행부 26명 모두를 아고라 보팅을 통해 온라인 투표로 선출했는데, 이 투표에는 55,000명이 참여했다. 2014년 5월 유럽의회 의원 후보 역시 시민 33,000명이 온라인 투표로 결정했다.

2) 폴리스(POL.IS)

　　폴리스[170]는 모든 이해관계자가 대화할 수 있는 서비스이다. 인

---

170) https://pol.is/gov

공지능과 머신러닝 알고리즘을 이용하여 시민의 의견 지도를 제공하여, 같은 질문에 대해서 다른 사람이 어떻게 생각하는지 다이어그램 등으로 볼 수 있다.

〈그림 4-4〉 폴리스

＊출처: https://pol.is/gov

폴리스는 누구나 쉽게 웹으로 참여할 수 있다. 인공지능의 머신러닝 알고리즘은 사람들이 더 다양한 생각을 폴리스에 쏟아낼 때마다 고도화된다. 이용자들은 이용 과정에서 합의 내용과 이견의 지점들을 좀 더 분명하게 알 수 있다. 예를 들어 시장(mayor)이 폴리스에 질문을 올리면 시민이 의견을 제시하는 식으로 민관 소통 방식의 변화를 도모하며, 나아가 공동체 전체의 소통 활성화를 기대하는 것이다.

대만에서 우버X(UberX) 도입 이슈에 대한 폴리스 대화에는

47,539명이 참여하여, 1,737명이 투표하고 196여 개의 의견을 제출했다.[171] 2016년 초, 대만 정부는 폴리스를 이용하여 미국-대만 비즈니스 공동협정에 대한 시민들의 의견을 실시간으로 확인했다.

〈그림 4-5〉 폴리스의 우버X 여론 수렴 방식

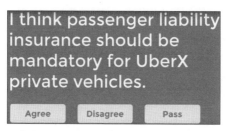

＊출처: https://www.youtube.com/watch?v=09Lqj5lazKM

이 과정에서 여론 시각화 기술을 담당한 폴리스는 미국의 개발자 콜린 맥길(Colin Megill)이 2012년에 개발한 인공지능 여론 분석 프로그램으로서 다수의 여론을 한눈에 보여주는 프로그램이다. 콜린 맥길은 2008년 세계 경제 위기와 아랍의 봄 혁명을 보면서 폴리스를 개발하게 되었다고 밝혔다.[172]

폴리스가 브이타이완과 연결되는 발화점은 대만의 페이스북 논쟁이었다. 대만의 한 콘퍼런스에 중국인 패널이 초대될 예정이었는데,

---

171) Julie, Bass, Boelman & Mulgan(2017. 2: 30).
172) "시민과 정부의 관계를 바꾸고 싶다."(한겨레 21 2016. 3. 2.).

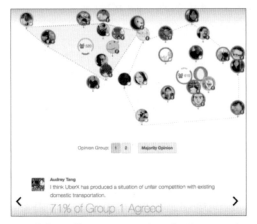

*출처: https://www.youtube.com/watch?v=09Lqj5lazKM

초대 여부에 대한 논쟁이 발생했다. 그들이 기술사회에서 정의롭지 않은 일을 하기로 유명한 중국 기업에서 일하는 직원들이었기 때문이다. 누군가 '그 기업에서 일하는 직원을 관련 콘퍼런스에 초대하는 것은 옳지 않다'는 주장을 올리자, 여기에 200여 개의 '화난' 댓글이 달렸다. 서로 싸우는 듯했고 이야기는 공전했다.

그때 거브제로 운영자 치아량카오가 폴리스 링크를 걸고 '여기에서 이야기해보자'는 글을 올렸다. 수백 명의 사람들이 폴리스에서 이 안건과 관련해 자신의 의견을 올리고 서로의 의견에 투표했다. 폴리스는 그에 따라 사람들의 의견 지형도를 그렸다. '초대해야 한다'는 그룹과 '초대하지 말아야 한다'는 두 그룹으로 나뉘었는데, 90% 이상의 사람들은 '콘퍼런스 책임자가 올바른 결정을 할 거라 믿는다'고 표현했다.

또 '그 중국 기업이 매우 나쁜 일을 하고 있다'는 의견에도 90% 이상의 사람들이 동의했다. 즉, 서로 찬반 여부에 대해 갈등하고 있는 듯 보였지만, 결국은 '자신들의 커뮤니티를 신뢰하고, 그 커뮤니티가 갖고 있는 공동선에 대부분 동의한다'는 것으로 나타난 것이다. 이렇게 합의점을 찾아내면 잡음은 줄어들고 효용성이 증가한다고 맥길은 말했다. [173]

3) 루미오

효과적인 협업 도구로서 루미오[174]는 2011년 월스트리트 점령운동 이후 2012년에 탄생했다. 루미오는 오픈소스로 제공되며, 2012년 뉴질랜드 기업 엔스파이럴(enspiral)이 제작했다.

루미오는 의제 제안 → 토론자 가입 → 토론 → 투표(찬성, 반대, 유보, 차단) 방식으로 진행되는데, 이미지, 동영상, 파일 등의 관련 자료를 첨부할 수 있고, 관심 있는 사람들이 계속 토론에 참여함으로써 위키 방식과 같은 토론이 이루어진다.

다른 이용자는 등록 의견에 대해 4가지 의견 버튼을 누를 수 있으며, 의견과 함께 트위터에 쓸 정도만큼의 아주 짧은 이유를 제기할 수 있다. 이와 같이 꼬리에 꼬리를 무는 토론을 통해 하나의 합의점에 도달하는 것을 목표로 한다.

---

173) "시민과 정부의 관계를 바꾸고 싶다."(한겨레 21 2016. 3. 2.).
174) Loomio(https://www.loomio.org).

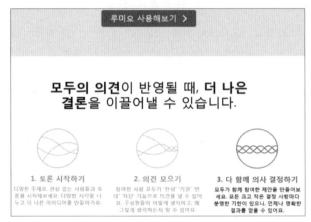

＊출처: https://www.loomio.org

루미오는 조직과 네트워크 규모에 따라 이용 요금을 차등 부과하는 유료 서비스인데, 1인당 평균 월 2∼5달러를 부과하지만 100명 이상일 경우에는 요금을 협의해 조정할 수 있다. 93개국에서 32개 언어로 제공되며, 그 결과 8만 명이 18,000개 의제 그룹을 만들어 26,000건의 의사 결정을 했다.

뉴질랜드 웰링턴 시의회도 '주류 제한 정책' 개정 시 루미오를 사용했는데 토론 진행 과정에서 구체적인 정보가 필요할 때에는 시의회 공무원과 같은 전문가가 정보를 제공해 질적 토론이 이루어지도록 지원했다.

또한 2012년 헝가리에서 최초로 베타버전의 루미오를 응용해 정부의 교육 예산 삭감 정책에 대한 학생들의 반대 토의 과정에 사용했는데, 대학생, 고등학생, 교사, 교수 등 수백 명이 교육 예산 삭감 반대 운동의 방향·전략·원칙을 민주적으로 결정한 결과 정부는 정책을 철회했다.

스페인 포데모스는 루미오를 통해 여러 독립 조직이 그룹 안에서 의사소통할 수 있도록 했다. 루미오에는 포데모스에서 만들어진 워킹 그룹과 토론 그룹만 1,500개가 넘는다.

이외에도 뉴질랜드 시민단체와 시의회, 여행사 등 기업 위키미디어 재단, 브라질과 그리스의 해적당, 소프트웨어 프로젝트, 사회운동, 중앙정부와 지방정부 등이 루미오를 이용했다. 가장 많은 트래픽이 발생하는 곳은 스페인으로 2014년에는 전체 트래픽의 60%가 스페인에서 발생했다.

제2절

청원의 제도화

1. 의회 청원

1) 더 나은 레이캬비크(Better Reykjavik)

2008년 비영리재단 시민재단[175]은 오픈 소스 크라우드소싱 도구
인 '유어 프라이어리티'[176]를 제작했다. 발칸 국가 전자민주주의 스타
트업 프로젝트(Balkan eDemocracy Startup Project)로 평가되기도 하는
유어 프라이어리티는 개인이 아이디어를 제안하면 찬성과 반대 의견을
제시할 수 있으며, 토론도 진행할 수 있다. 그 결과 가장 많은 지지를
받는 아이디어를 의회에 접수할 수 있게 하는 방식으로 진행된다.[177]

---

175) Citizens Foundation(http://citizens.is).
176) Your Priorities(https://www.yrpri.org/domain/3).

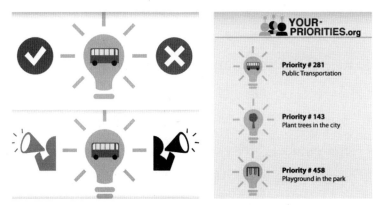

*출처: https://www.youtube.com/watch?v=t0lFd1poJfs

유어 프라이어리티 방문자는 70만 명에 달하며, 아이슬란드뿐만 아니라 해적당, 에스토니아 정부, 불가리아[178], 영국 NHS[179], 호주[180], 미국[181]에서도 이용되고 있다.

아이슬란드에서 가장 오래되고 큰 정당은 독립당이었는데, 키친 웨어 혁명으로 2009년 1월 정권은 사퇴하였다. 이후에 들어선 새정부 는 순수 좌파 정부였는데, IMF의 엄격한 구제금융 규제 때문에 제한적

---

177) 유어 프라이어리티 이용법은 https://www.youtube.com/watch?v=t0lFd1poJfs 참조.

178) https://bulgaria.yrpri.org

179) https://nhs-citizen.yrpri.org/community/54

180) https://girraween.yrpri.org/community/238

181) http://www.betteralamance.org

역할만 수행했다. [182]

2009년 욘 그나르(Jon Gnarr, 그 이전에는 택시운전사이자 코미디언이었고, 2009년에는 광고 제작 감독으로 활동)는 친구들과 최고당(The Best Party)을 창당하여 2010년 레이캬비크 시의원 선거에 출마하여 15석 가운데 6석을 얻었고, 연합 시정부를 구성한 후 시장이 되었다. [183] 그는 시장 임기 중에 직접 민주주의와 시민 참여형 예산 제도를 도입하여 시민정치의 새로운 패러다임을 제시하였다.

국민의 신뢰를 회복하기 위해 정부는 무작위로 선출된 시민 1,000명으로 국가총회를 주재할 헌법제정위원회(Constitutional Assembly Council, CAC)를 구성했다. [184] 1944년 덴마크로부터 독립한 이후 처음으로 이루어진 개헌을 이루기 위해 개헌포럼에 시민들이 직접 참여한 것이다.

CAC는 인터넷을 통한 시민 전체의 참여를 추진했으며, 이 과정에서 페이스북이 토론을 위한 가장 중요한 플랫폼이 되었다. 트위터로는 업무 진행 과정을 보고하고 시민들의 질의에 응답했다. 또한, 유튜브와 플리커는 아이슬란드 전체에서 진행되는 토론 뿐만 아니라 시민들과 위원회 위원들간의 직접 소통에 활용되었다.

CAC는 온라인과 오프라인에서 16,000건의 제안과 소셜 미디어에서 진행된 토론 내용을 접수하여 15가지 버전의 헌법안을 만들었다.

---

182) Gnarr(2014: 51).

183) Gnarr(2014: 4-8).

184) CAC의 헌법안 구성과정은 Castells(2015: 55-57) 참조.

이렇게 크라우드 소싱으로 만들어진 최종 헌법안을 위키 헌법이라고 부르기도 한다.

2010년 10월 아이슬란드 지방선거 몇 주 전에 유어 프라이어리티로 만든 플랫폼 '더 나은 레이캬비크'[185]가 제작되었다. 이는 몇 주 전에 진행된 '그림자 의회(The Shadow Parliament) 프로젝트'의 연장선상에서 제작된 것이다.

서비스가 시작되자, 모든 정당은 이 사이트에 서비스를 개설하여 더 나은 정당을 위한 시민 아이디어를 수렴하고 선거운동에 반영하였다. 또한, 레이캬비크 시의회는 10~15개의 우선 이슈에 대해 매월 투표를 실시하였다.

사이트 개설 후 12만 명이 방문하였고, 7만 명 이상 시민들이 참여했다. 등록 이용자 1만 6천 명은 5,800개 아이디어와 12,000개 포인트를 제시하여 최종적으로 1,000개 이상의 아이디어를 공식적으로 검토하였다.

2011년부터 수백 개 아이디어가 채택되었고, 시민들이 직접 할당한 1,800만 유로가 넘는 예산이 배정되었다.[186] 그 결과, 2011년에는 아이슬란드 사이트 사상 최초로 세계 전자민주주의 상을 수상하였다.[187]

---

185) Better Reykjavik(https://betrireykjavik.is/domain/1), Simon, Julie, Bass, Boelman & Mulgan(2017. 2: 42-46).

186) http://www.citizens.is/portfolio/better-reykjavik-connects-citizens-and-administration-all-year-round

187) Gnarr(2014: 177).

2012년에는 파나마 페이퍼 사건 이후 활동가, 무정부주의자, 해커 등이 연합한 해적당이 등장하여 개헌, 직접민주주의 도입, 대기업 탈세 척결, 주당 35시간 근무, 무료 헬스케어, 천연자원 보존 강화, 마약 규제 완화, 저작권법 폐지 등을 표방하여 2013년 총선에서 5.1% 득표, 3석을 확보하고 원내 진입에 성공했다. 2016년 2월에는 37.8%의 지지를 받았고, 이어 10월 총선에서는 14.5%를 득표하여 10석을 획득하고 제2당이 되었다.

유어 프라이어리티는 에스토니아에서도 활용되었다. 2012년 에스토니아 여당 개혁당(Reform Party)은 익명 기부에 대한 정치 스캔들을 겪었다. 12월, 청원 서비스 'Charter 12'가 시작되어 시민 17,500명이 청원하였다. 대통령은 시민 대표들과 라운드테이블을 진행하였고 이를 'Rahvaalgatus'[188]라고 부른다.

Rahvaalgatus는 온라인 플랫폼 유어 프라이어리티로 시민 제안을 접수하고(제안에 대해 논평 가능), 제안을 협업으로 분석하여, 입법안으로 만들 수 있도록 전문가가 수정하고, 제안의 우선 순위를 결정하고, 최종적으로 의회[189]에 제출하는 5단계로 진행되었다.

그 결과, 2013년 1월 3주 동안 6만 명이 방문하여, 2천 명이 등록하였고, 제안 2천 개와 논평 4천 개를 달았다. 그 가운데 15개 제안이 최종적으로 의회에 제출되었으며, 그 가운데 3개가 통과되었다. 이 과

---

188) 인민의회(The People's Assembly, http://www.rahvakogu.ee), Simon, Julie, Theo Bass, Victoria Boelman & Geoff Mulgan(2017. 2: 34-35).

189) http://www.riigikogu.ee

정에 대한 연구에 의하면 대부분의 시민들이 그 결과에 만족한다고 응답했다.[190]

2016년 3월에는 시민의회 과정 개발자가 새로운 플랫폼인 Rahvaalgotus.ee 서비스를 만들었다. 이 서비스에서는 시민 1천 명의 서명이 있으면 의회 위원회에서 토론이 가능하도록 하였다. 그 결과 6개 제안이 1천 명 이상의 서명을 받아서 그 가운데 4개가 의회 위원회에서 토론되었다.

2) 촛불 집회(2016년)

투표와 청원은 시민의 결집과 행동을 가장 직접적으로 표현할 수 있는 방법이다. 2016년 10월 말부터 준비하여 12월 1일 밤 11시부터 서비스를 시작한 '박근핵 닷컴'[191]은 12월 9일까지 탄핵 청원에 92만 명이 서명하였으며, 의원당 3,000~58,000건의 청원이 접수되었다.

'박근핵 닷컴' 개발자들이 직접 서술한 서비스 기획의도에 의하면, 이 서비스는 탄핵을 원하는 시민에게 지역 국회의원만이 탄핵할 수 있다는 사실을 알리고, 국회의원과 쉬운 연결을 하여 실제로 탄핵 소추에 해당 국회의원들이 어떻게 반응하는지를 실시간으로 알려 시민과 국회의원의 커뮤니케이션을 가능하게 하고자 한 것이다. 아울러 탄핵에 대한 전반적인 정보 전달을 하고자 했는데, 탄핵이 실제로 이루어지면 어떤

---

190) Jonsson(2015).

191) https://parkgeunhack.com

〈그림 4-9〉 박근핵 닷컴

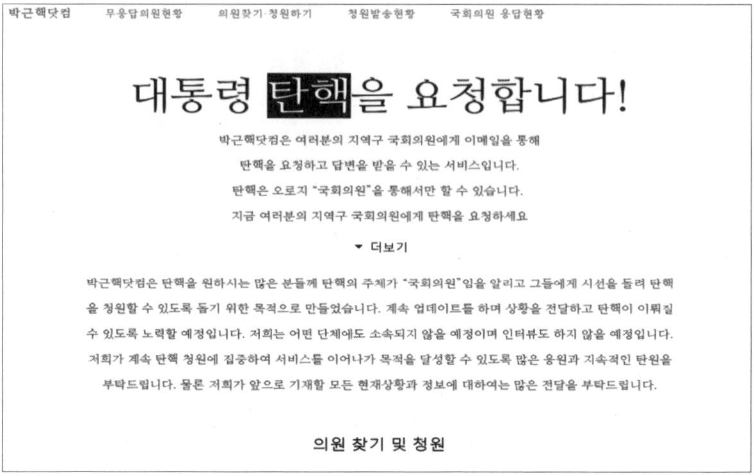

〈그림 4-9〉 박근핵 닷컴

＊출처: https://parkgeunhack.com

절차가 이루어지고, 탄핵 이후의 권력 서열 변화와 해당 인물에 대한 정보도 제공하고자 하였으나, 이 부분은 서비스에 반영되지 않았다.[192]

이 외에, 2016년 12월 1일 서울대학교 동문 커뮤니티 '스누라이프'에 '20대 새누리당 국회의원 연락처 및 주요키워드'라는 글이 게시되어 의원들의 휴대전화 연락처가 확산되고 의원들의 휴대전화에 문자메시지가 빗발쳤다. 박근혜 정권 퇴진 비상국민행동이 제작한 모바일 투표의 경우에는 23만 명이 참여하였으며, 99.3%가 퇴진 의견을 표명하였다.

---

192) https://goo.gl/zkU5xy

민주주의는 기술을 선택한다: 세계 시민 집회와 시민 기술

〈그림 4-10〉 박근혜 퇴진에 관한 모바일 투표

주권자 시민이 직접 결정한다
박근혜 퇴진에 관한
모바일
국민투표
- 투표문항 -
<문항1> 박근혜 대통령 퇴진은 언제가 바람직하다고 생각하십니까?
1) 즉각 퇴진 2) 내년 4월 이후 퇴진
<문항2> 새누리당이 "탄핵반대 - 내년 4월퇴진"을 당론으로 정했습니다. 당신의 생각은?
1) 찬성한다 2) 반대한다
* 투표시간은 12월 3일 0시부터 18시 30분까지입니다.
* 12월 3일 "박근혜 즉각퇴진의 날" 집회에서 현장 모바일투표 후 최종결과 발표합니다.
* 투표당 15원 과금되며, 중복투표는 불가능합니다.

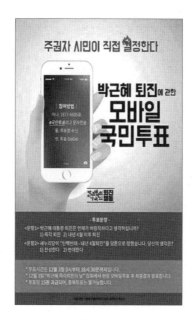

〈그림 4-11〉 치어업 헌재 메인 화면과 서비스 중단 안내문

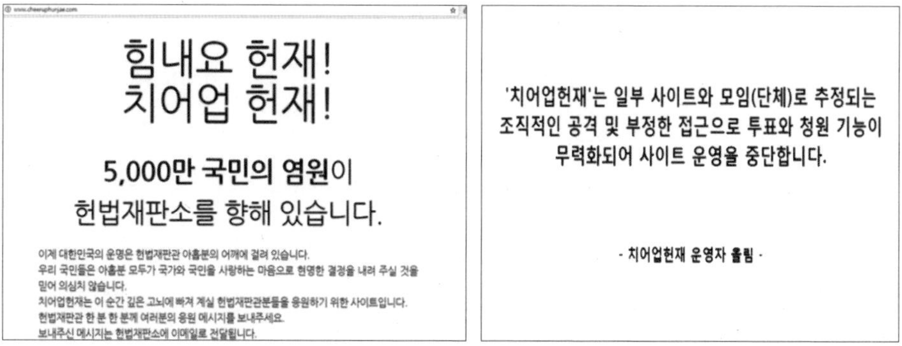
힘내요 헌재!
치어업 헌재!
5,000만 국민의 염원이
헌법재판소를 향해 있습니다.
이제 대한민국의 운명은 헌법재판관 아홉분의 어깨에 걸려 있습니다.
우리 국민들은 아홉분 모두가 국가와 국민을 사랑하는 마음으로 현명한 결정을 내려 주실 것을 믿어 의심치 않습니다.
치어업헌재는 이 순간 깊은 고뇌에 빠져 계실 헌법재판관분들을 응원하기 위한 사이트입니다.
헌법재판관 한 분 한 분께 여러분의 응원 메시지를 보내주세요.
보내주신 메시지는 헌법재판소에 이메일로 전달됩니다.
'치어업헌재'는 일부 사이트와 모임(단체)로 추정되는 조직적인 공격 및 부정한 접근으로 투표와 청원 기능이 무력화되어 사이트 운영을 중단합니다.
- 치어업헌재 운영자 올림 -

*출처: http://www.cheeruphunjae.com

한편, 팟빵에서 운영한 '치어업 헌재'는 헌재를 응원할 목적으로 2016년 12월 10일 개설하였지만 트래픽 공격으로 하루 만에 폐쇄되었다.

2. 정책 참여

1) 브이타이완(vTaiwan, virtual Taiwan)

2014년 대만 해바라기 운동 이후, 지방선거에서 브이타이완[193]이 이용되었다. 국민당(Kuomintang, KMT)이 패배하고 총통이 사임한 후, 새로 취임한 대만 행정원장 마오즈궈(Mao Chi-Kuo)는 정보 공개, 빅데이터, 크라우드소싱 기반 플랫폼 설치를 약속했고, 2년간의 개발 기간을 거쳐 브이타이완이 채택되었다. 즉, 정부가 해바라기 운동 기간 동안 탄생한 디지털 행동가 단체인 거브제로(g0v)에 요청하여 만들었지만, 정부와는 독립적 플랫폼으로 작동했다.

브이타이완은 특정 이슈에 대한 광범위한 합의(rough consensus)를 할 수 있도록 온·오프라인에서 토론하는 도구이다. 진행 과정은 해당 이슈에 대한 다수의 견해를 이해하는데 특히 효과적이며, 복잡하고 논쟁적인 이슈에 대한 협의와 동의에 도달할 수 있는 공간을 제공한다.

즉, 브이타이완은 이견과 분쟁을 조장하고 증폭시키는 것이 아니

---

193) https://vtaiwan.tw

〈그림 4-12〉 브이타이완 진행절차 1

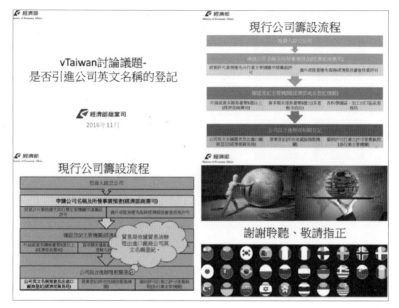

*출처: Simon, Julie, Theo Bass, Victoria Boelman & Geoff Mulgan(2017, 2: 73)

라 합의를 증진한다는 것이 특징이다. 합의에 이르는 숙의 과정에 폴리스(Pol. is)[194]를 이용하면서 데이터를 모두 공개하고 의견을 수렴하는 것이다. [195]

브이타이완은 총 4단계로 진행된다.

---

194) pol. is(https://pol. is/gov), 슬로건: Democracy, Meet AI(https://www. youtube. com/watch?v=WA1EAig_P4s).
195) 전병근(2021: 100).

〈그림 4-13〉 브이타이완 진행절차 2

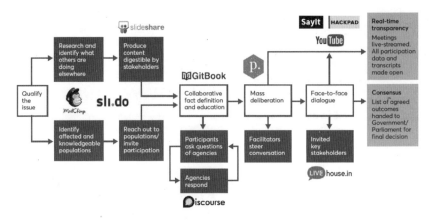

*출처: Simon, Julie, Theo Bass, Victoria Boelman & Geoff Mulgan(2017: 65)

첫째, 개방형 인공 지능형 대화 도구(open source survey tool)[196] 폴리스를 페이스북 광고 및 이해 관계자 네트워크를 통해 배포한다 (objective stage).

둘째, 학자와 공무원이 이슈에 응답하는 실시간 스트리밍으로 공개 회의를 방송한다(reflective stage).

셋째, 시민 사회와 정부가 공동으로 진행하는 직접적인 이해 관계자 회의가 열리고 원격 참가자에게 방송한다(interpretive stage).

넷째, 정부는 합의 도달 지점에 행동을 결부시키거나 그러한 합의

---

196) vTaiwan과 pol.is는 오픈소스 공유플랫폼 서비스인 깃허브에 공개한다 (https://github.com/g0v/vtaiwan.tw).

점이 (아직) 실현 가능하지 않은 이유에 대한 점진적 설명을 제공한다 (decision stage).

해바라기 운동 후 1년여가 지난 2015년 12월 기준으로 브이타이완 메일링 리스트 구독자는 1만여 명이고, 참여자는 1천여 명에 이른다. 브이타이완의 첫 번째 의제인 「긴밀하게 연결된 기업법(Closely Held Company Law)」 토론에는 2천여 명의 시청자가 참여하였으며, 총 200명이 제안하였고, 스트리밍 작업에는 20여 명이 참여하였다.

2) 디사이드 마드리드

인디그나도스 운동 후, 스페인에서는 직접 민주주의 운동이 적극적으로 전개되었으며 그 대표적인 것이 '디사이드 마드리드' 서비스[197]이다.

스페인 마드리드시는 2015년 9월, 직접 민주주의와 지역 정책 결정의 책임성과 투명성을 지향하며 시민 참여 플랫폼 서비스 디사이드 마드리드를 시작했다. 포데모스를 중심으로 형성된 연합정당 '아호라 마드리'의 후보 마누엘라 카르메나가 마드리드시장에 당선되면서 시민이 직접 정치적·정책적 의사결정에 참여할 수 있는 정치 플랫폼으로 만든 것이 디사이드 마드리드다.

16세 이상 시민이면 누구나 가입할 수 있는 이 서비스에 마드리드시 전체 인구 310만 명 가운데 20만 명의 시민이 가입하였다(시민 누구

---

197) https://decide.madrid.es

나 등록할 수 있지만 등록시에 신원보장번호, 생일, 우편번호를 기입해야 한다). 마드리드 시내의 26개 시민 서비스 사무소(Citizen Service Office)에서도 사용 가능하였는데, 이 곳을 방문하면 공무원들이 이용 절차를 안내해주기도 한다.

디사이드 마드리드의 이용 절차는 다음과 같다. 일단 누구든지 제안을 하면 투표가 이루어지고 시 인구의 1%의 득표를 얻으면 포털의 맨 위에 그 제안을 45일간 광고한다. 이어서 심도 있는 토론을 하여 최종 투표를 한 후에 시의회에서 해당 제안에 대해 토론을 하게 된다.

특히 디사이드 마드리드의 원칙에 의해 정보 또는 토론 과정에서 상대방이 이해하기 쉬운 용어를 사용해야 하기 때문에 전문가들이 사용하는 전문용어 또는 어려운 단어를 최대한 배제하여 상호간 원활한 의사소통을 지향함으로써 해당 서비스의 이용 진입장벽을 낮췄다.

2016년 중반까지 13,000개의 제안이 제시되었는데 오직 2개만 시의회 토론을 통과하였다(1) 마드리드를 완전히 지속가능한 도시로 만들기, 2) 단일의 공공운송티켓시스템 설치). 2016년 참여 예산 토론에는 45,522명이 참여하였는데 51%는 남성, 49%는 여성이었으며, 30~49세가 60%, 60세 이상은 10%가 참여하였다.

조사에 의하면, 마드리드 거주 시민의 56%가 디사이드 마드리드를 알고 있다고 응답했지만, 대졸자의 75%만 알고, 나머지 그룹은 모른다고 하여 참여 불평등 경향이 있다는 비판도 받았다. 그러나 한편으로는 스페인 내 20개 도시에서 활용될 만큼 빠른 확장성을 보이고 있다.

토론의 네트워크 효과

1. 민주적 소통, 수평적 대화:
매스 셀프 커뮤니케이션

최근의 커뮤니케이션은 심오한 기술·조직적 전환을 겪고 있다. 이런 변화는 쌍방향의 수평적 네트워크, 인터넷상의 다각적 커뮤니케이션, 나아가 무선통신 네트워크로 어디에나 커뮤니케이션 플랫폼이 퍼져있는 상황에 기반을 둔 매스 셀프 커뮤니케이션(mass self communication)의 등장으로 평가할 수 있다. 이는 새로운 맥락, 새로운 사회구조인 네트워크 사회의 핵심이며, 여기에서 21세기 사회운동이 형성되었다. [198]

매스 커뮤니케이션과 다른 매스 셀프 커뮤니케이션 개념을 주창한

---

198) Castells(2009; 2015: 200-201), Castells et al.(2006); Hussain & Howard (2012); Shirky(2008); Nahon & Hemsley(2013)

마누엘 카스텔은 그 특성을 다음과 같이 정리한다. 매스 셀프 커뮤니케이션은 다수의 수신자에게 도달하며, 이웃 또는 전세계에 디지털화된 정보를 전송하는 끝없는 네트워크에 연결되는 잠재력으로서 다수에게서 다수에게로 메시지를 처리하기 때문에 '매스' 커뮤니케이션이다.

게다가 메시지의 생산을 발신자가 자율적으로 결정하고, 수신자를 스스로 지정하며, 네트워크에서 메시지를 회수(삭제)하는 것도 스스로 선택하기에 '셀프' 커뮤니케이션이다.

즉, 개인이 생산하지만 개인과 연결된 다수의 소통이 이루어지는 두 가지 특징을 동시에 가지는 것이 매스 셀프 커뮤니케이션이라는 것이다.

이러한 매스 셀프 커뮤니케이션은 양방향 의사 소통의 수평적 네트워크에 기반을 두기 때문에 정부와 기업이 통제하기 어렵다. 더 나아가 디지털 커뮤니케이션은 다중 모드이며, 글로벌 하이퍼 텍스트(global hypertext) 정보를 지속적으로 참조한다.

커뮤니케이션의 구체적인 계획에 따라 의사 소통 행위자는 하이퍼 텍스트 정보 요소를 재구성한다. 매스 셀프 커뮤니케이션은 사회제도에 관해 개인적 혹은 집단적으로 사회적 행위자의 자율성 확립을 위한 기술 플랫폼을 제공한다. 이것이 정부가 인터넷을 두려워하는 이유이며, 기업이 자유를 증대시키는 인터넷의 잠재력을 제한하면서 (예를 들어 파일 공유 혹은 공개 소스 네트워크를 통제함으로써) 인터넷에서 이익을 얻으려는 이유이다. [199]

---

199) Castells(2015: 28).

2. 결정권 확장 효과:
나를 대표하는 새로운 방법

대표 민주주의 시대에 시민이 스스로를 대표하는 방법은 투표 뿐이다. 협의 민주주의의 중요성이나 공론장의 필요성이 강조되고 있지만 다수가 그런 시스템을 익히기까지는 매우 오래 걸리기 때문에 무용론을 주장하는 이들도 있다.

여론이라는 것이 실재하다면 가장 정확하게 표출되는 장소는 아마도 수시로 열리는 장터 혹은 바자(bazaar) 같은 곳일 수 있다. 너나 할 것 없이 모두가 참여한 그곳에서 어떤 사람들은 열띤 정치 토론을 하기도 하고, 어떤 사람들은 하염없이 신세한탄이나 세상 걱정을 하기도 한다.

인터넷 게시판이 만들어진 이후 누구나 발언할 수 있는 하나의 기회가 열렸다. 이제는 댓글이 너무 많아서 어떤 반응이 일어나는지 알아보기도 힘들 정도로 수많은 표현이 범람하고 있다.

시민 집회 진행 과정과 그 후에 형성된 토론·청원 참여 기술은 여론을 수렴하려는 민주적 노력의 결과물이고, 오픈소스 기술 공유로 누구나 서비스를 개발할 수 있도록 하는 개방적 노력의 결과물이며, 다양한 토론·결정 방식을 적용한다는 점에서 대의 민주주의의 보완재라고 평가할 수 있다.

DEMOCRACY

제5장 | **결집형 시민 기술**

결집 주체 형성:

위계조직만 조직인가

1. 유연한 연대의 권력 스위칭

1) 국정농단 비판 촛불 집회(2016년)

2016년 촛불 집회에서는 2008년에 비해 유연한 조직화가 다층위적으로 나타났다.

첫째, 행사 운영 주체로서 온라인 비상 국민행동이라는 시민단체 연합체가 있었지만 이들을 중심으로 결집하기 보다는 이들은 참여를 독려하고 집회를 운영하는 지원 조직으로 기능했다.

둘째, 커뮤니티 맵핑 등의 집단기록은 다수가 참여한 기록을 축적하고 정리하여 일종의 정보 제공 기능을 하면서 관심 있는 시민들이 연대할 수 있도록 지원했다.

셋째, 온라인 커뮤니티 액티비즘은 2008년의 집합적 결집보다 상대적으로 적게 나타났는데, 혼참러와 같은 개인 참여가 더 두드러졌기 때문에 상대적으로 약하게 나타났지만 여전히 온라인 커뮤니티의 결정적인 정보 제공과 실천은 지속되고 있는 것으로 나타났다.

넷째, 가장 의미있는 현상으로서 플랫폼 네트워크가 매우 활성화되었다. 네트워크 사회의 사회 운동은 기존의 위계적이고 폐쇄적인 조직에서 출발하는 것이 아니라 매우 유연하고 개방적인 네트워크 유지로 활성화된다. 이러한 역할을 하는 것이 플랫폼이며 플랫폼이 활성화되면 제도화로 이어지는 인적·기술적 자원 기반이 마련되는 것이라고 볼 수 있다.

이 네 가지의 결집 행동 특징을 보인 2016년 촛불 집회는 주말 집회의 경우 '박근혜 정권 퇴진 비상 국민행동(퇴진행동)'이 주도하였다. 퇴진행동은 2016년 10월 29일 1차 집회를 시작으로 2017년 4월 29일까지 총 23회 범국민행동을 개최하였고, 12월 8일과 9일에는 국회 탄핵소추안 가결을 위한 국회 비상국민행동, 3월 9일과 10일에는 헌재 탄핵 심판을 위한 헌법재판소 앞 집중 행동, 평일 촛불문화제(2017년 3월 13일 종료), 퇴진콘서트 '물러나쇼' 등을 진행 후 2017년 5월 24일 공식 해산했다. [200] 또한, 3월 14일 이들의 어려운 경제적 사정이 알려진 직후, 3일 만에 시민 2만 1천 명이 8억 8천여만 원을 모금하였고, 이러한 지원은 이어져 최종금액 38억 5천만 원이 단기간에 모금되기도 할 만큼 절대적인 지지를 받았다.

---

200) 박근혜 정권 퇴진 비상국민행동 보도자료. 2017년 5월 24일. "박근혜 정권 퇴진 비상국민행동 해산선언 및 촛불대개혁 호소 기자회견."

〈그림 5-1〉 온라인 비상 국민행동

＊출처: http://wouldyouparty.org/events/5(검색일: 2016.12.9.)

<그림 5-2> 범국민행동 웹자보 이미지와 차수별 촛불집회 참여 인원 수(1-23차)

3만 (서울)   30만(서울20만)   110만(서울100만)   96만   190만

232만 1천   104만 3천   77만 3천   70만 2천   110만 4천

64만 4천   14만 7천   35만 3천   42만 6천   80만 6천

84만 5천   107만 8천   30만(서울)   105만 1천   70만 8천

10만 2천(21차)   10만 5천(22차)   5만(서울)(22차)

＊출처: 박근혜정권퇴진 비상국민행동 보도자료, 2017.5.24.
"박근혜정권퇴진 비상국민행동 해산선언 및 촛불대개혁 호소 기자회견."

앞서 2016년 촛불 집회의 특징으로 개인 참여 현상을 제시한 바 있는데, 이른바 혼참러(혼자 참여하는 사람)로서 이들은 결집, 나아가 기존 조직을 거부하고 독립적인 참여 주체로서 새롭게 등장했다. 이들은 조직의 깃발을 거부한 본격적인 행위자로 등장하였으며, 흔히 집회에서 부르던 운동권 가요보다는 대중가요를 불렀다.

'나는 내가 대표한다'는 혼자 참여를 의미하는 혼참러는 급조한 개인 모임('장수풍뎅이연구회', '고산병연구회', '전국 한시적 무성욕자연합', '민주묘총', '범야옹연대', '응원봉 연대', '전국아재연합', '형입니다ㅠ', '햄네스티', '범깡총연대(토끼를 키우는 사람들 모임)', '화분안죽이기 실천 시민연합(식물 키우는 사람들 모임)', '만두 노총(만두를 좋아하는 사람들 모임)') 등 창의적 깃발의 해학을 제시하면서 집회에 참여하였다.

〈그림 5-3〉 혼참러 깃발

*출처: "안남시민연대, 범야옹연대, 민주묘총…촛불집회에 등장한 이색단체들 정체는?." (중앙일보 2016.11.19.)

2. 개방형 워킹그룹

1) 인디그나도스 운동(2011년)

2011년 스페인 인디그나도스 운동[201]은 바르셀로나 카탈루냐 광장에서 200여 명이 점령 투쟁을 시작했고, 이후에 약 30여개 도시의 광장과 공원이 점령당했다. 거대한 텐트촌과 다양한 가게, 공공식당, 탁아소, 도서관, 아이디어를 축적하는 아이디어뱅크 등이 등장했으며 참가자들의 생각을 공유하기 위한 '생각하는 날'이 지정되었다. 인프라, 진행, 규율, 존중, 식료, 법무, 정보, 도서관, 대외관계, 어린이, 페미니즘, 이민자, 종교, 동물보호 등에 대한 워킹 그룹이 생겨났다.

6월 12일 마드리드 시민 집회는 푸에르타 델 솔 광장에서 일시적으로 퇴거했다. 1주일 뒤 전국 규모의 큰 집회를 준비하여 6월 19일 '데모크라시 레알 야'가 주최한 집단 행동이 스페인 전역 80개 도시에서 개최되었으며 참가자는 2배 이상 불어나 약 25만 명에 달했다.

인디그나도스 지도자들은 스페인에서 집회가 시작된 지 5개월이 되는 10월 15일에 세계적 규모의 집회를 제안했다. 그 결과 전세계 80개국, 900개 도시에서 대규모 집회가 전개되었다.

---

201) 마사아키·김경화(2018: 101-104) 참조.

2) 월스트리트 점령운동(2011년)

2011년 월스트리트 점령운동[202]에서 광장 철거 후에는 워킹 그룹에 수십 명에서 수백 명, 많은 경우에는 1,000여 명이 등록하여 활동을 전개하였다. 온라인 포럼에 정보를 공유하고, 서류코너에 정보를 기록하고, 교류 코너에서 외부와 연락하며, 회원 코너에서 상호 교류가 이어졌다. 회원 코너에는 페이스북에 준하는 친구 기능, 트위터에 준하는 멘션(mention) 기능, 그룹 전용 메일링 리스트, 해시태그, 개인화 기능까지 구현되었다.

2011년 함께 점령(occupy together) 페이스북 페이지 개설 3주일 만에 100개 이상 지역에서 점령이 실행되고 1,200개 이상 지역에서 점령이 조직되는데 중요한 역할을 했다. 이들은 시위 정당성을 위해 9월 25일부터 백악관 청원 운동을 전개하였고, 9월 27일에는 최소 100여 건에 달하는 대규모 댓글이 페이지에 게시되기도 하였다. 페이지에는 10~11월 사이에 하루 평균 6개 총 377개의 글이 게시되었고 각 글에는 평균 100개의 댓글이 게시되었다.

'함께 점령' 페이스북 네트워크를 분석한 이항우에 의하면, '함께 점령' 그룹은 점령 운동 촉진 과정에서 많은 다른 운동 참여 그룹을 자신의 페이지에 총 58회에 걸쳐 연결하였다. 여기에는 'Occupy Together. org', 'Occupywallst. org', 'InterOccupy. org', 'takethesquare. net', 'moveyourmoney project', 'occupytheboardroom', '#HowToOccupy',

---

202) 이하의 내용은 마사아키·김경화(2018: 92-97), 이항우(2012b) 참조.

'#HowToCamp', 'nycga. cc', 'account. google. com', 'takethemameal'
등이 포함되었다. 이들 그룹은 자신들만의 독자적인 운동프로젝트를 수
행하기 위해 결성된 그룹들이다[203].

〈그림 5-4〉 월가 점령 어피니티 그룹들의 허브 사이트

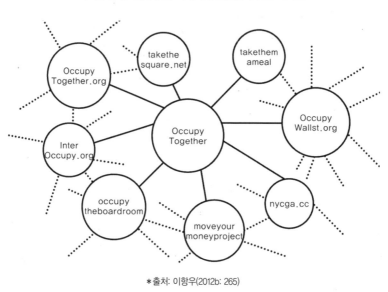

*출처: 이항우(2012b: 265)

월스트리트 점령운동에서는 특정 지도부가 아닌 전체 시위대 구
성원이 참가하는 회의인 뉴욕시 전체회의(New York City General
Assembles, 이하 NYCGA)에서 시위의 방향과 중요사항을 결정하고 그
결정 방식은 직접 민주주의로 진행하였다. 이 회의에는 130개가 넘는
워킹 그룹(working group)이 구성되어 있었는데 워킹 그룹은 시위대 내

---

203) 이항우(2012b).

에서 자생적으로 구성된 실무팀으로써 시위가 지속되며 제기되는 여러 가지 필요사항에 대해 스스로 팀을 꾸려 운동을 지원하는 자발적 활동 그룹이었다. 예를 들어 시위대 식사를 준비하는 키친 워킹 그룹(kitchen working group), 인터넷과 미디어를 통한 홍보와 안내를 위한 미디어 워킹 그룹(media working group), 모든 기록을 위한 아카이브 워킹 그룹(archives working group) 등이 그것이다. 204)

운동의 중요한 사항은 매일 두 차례 열리는 점거자 전체 회합 (NYCGA)에서 결정하였다. 운동 전체를 대표하는 모임으로서 다른 점거 운동과의 관계, 전체 운동의 재정을 결정하는 등의 운동의 중대 사안을 이 회의에서 최종 결정했다. 이들은 주관자였지만 '빈 중심'으로서 조력자(facilitator)를 자처했다. 205)

이 가운데 아카이브 워킹 그룹 기록 활동의 의미를 분석한 이현정은 이들은 핵심 팀(Core Team), 메일링 리스트에서 활동하는 사람, 직접 현장에 참석한 사람, 자문(advisors), 조직(organizations)으로 구성되어 있으며, 대부분 문헌정보학이나 기록학 전공자들이 주축이었다고 밝혔다. 이들은 구호, 포스터, 전단지, 뱃지, 시청각 자료, 디지털 파일 사진, 구술 자료, 의사결정 과정 등을 수집하였으며 그들의 모든 기록은 Tamiment Library에 기증하였다. 이현정은 이들의 활동은 '기록학 실천주의'로서의 의미가 있다고 밝혔다. 206)

---

204) 이현정(2014: 226).
205) 고병권(2012: 69-71).
206) 이현정(2014: 227-228).

제2절

결집 방식:
이슈 정당

1. 포데모스[207]

1) 포데모스의 전신, X당

2013년 10월, 인디그나도스 운동 주동자들은 부패한 기성정당에 맞서 'X당'[208]을 창당하겠다고 밝혔는데, "민주주의와 마침표"라는 이름을 내걸고 부패한 양당 정치를 끝내겠다고 선언하였다.

당시 스페인에서는 최소 130명의 정치인이 재정 횡령과 권력 남용으로 기소되었고, 집권당의 지지도는 급감하였다. 이들 부패한 정치인과 더불어 경제 위기 후에 발생한 비용을 국가에 전가하고, 수천만 달

---

207) Heimans & Timms(2018: 336-341).

208) Partido X, Partido del futuro, Party of the future(http://partidox.org).

러의 돈을 챙긴 은행가들도 주요 공격 대상이 되었다.

포데모스의 전신이라고도 볼 수 있는 'X당'은 인디그나도스 운동의 유산으로서 인디그나도스 운동과 연결된 최초의 정당이다. 'X당'은 2012년 5월에 15MpaRato 라는 플랫폼을 제작하였으며, 같은 해 12월 17일에 정식 등록하였다. 'X당'은 공공재정의 투명성, 정부와 입법 부문의 시민 권력 강화(wikidemocracy), 진정한 투표권, 래퍼랜덤 과정에서의 앱 활용을 주요 정책으로 주장하였다.

이에 더하여 후보자 명단 공개, 크라우드 펀딩 모금, 협업을 통한 의제 결정, 당 재정 활동의 온라인 공개, 프리소프트웨어, 개방저작권(commons license), 네트워크 조직 운영, 지속적인 참여 등을 중심으로 한다.

'X당'은 직접 민주주의와 참여 민주주의를 주장하며, 2014년 5월 유럽의회선거에 입후보하였지만 100,561표(0.64% 득표)를 득표하는 데 그쳤다. 'X당'이 제작한 15MpaRato 플랫폼은 후일 'X당' 반부패위원회의 일부가 되었으며, 그 외에 과학과 연구, 교육, 에너지, 건강, 정보사회, 주택, 시민 주도 재정 검토 위원회 등이 구성되었다.

2) 바르셀로나 꼬뮤

바르셀로나 시장 아다 콜라우(Ada Colau)를 배출한 바르셀로나 꼬뮤(Barcelona en Comu)는 2014년에 만들어진 시민 플랫폼으로서, 2018년 6월 현재 바르셀로나 시의회 44석 중 11석을 보유하고 있는 신생 정당이다. 바르셀로나 꼬뮤 역시 인디그나도스 운동의 유산으로 만

〈그림 5-5〉 바르셀로나 꼬뮤(Barcelona en Comu)

〈그림 5-5〉 바르셀로나 꼬뮤(Barcelona en Comu)

＊출처: https://barcelonaencomu.cat/ca

들어졌는데, 바르셀로나 꼬뮤는 기파이넷(Guifi.net) 등 지역 사회 프로젝트를 시행하며 커먼즈(commons) 협동 경제를 주도하고 사회 정의와 공동체 권리에 주목한다.

바르셀로나 꼬뮤는 데모크라시 OS를 이용하여 정책을 결정한 바 있다. 조직 내에서 제기된 44개의 제안과 데모크라시 OS에서 가장 많은 표를 받은 16개의 새로운 제안을 받아 아고라 보팅을 통해 투표하여 최종 정책을 확정하였다. 그 결과, 고용 창출과 직업 훈련 프로그램, 주택담보 대출 피해자들의 강제 퇴거 금지와 은행 재협상, 공공재에 대한 민영화 프로젝트 재검토 등이 시행되었다.

3) 포데모스 형성

인구 4,800만 명의 스페인에서 실업률 24%, GDP 성장률 1.4%의 열악한 환경에서 탄생한 포데모스(podemos, '우리는 할 수 있다'라는 의미[209])는 2014년에 300개 이상의 지역 총회 운동을 통해 창당했으며, 대표는 교수 파블로 이글레시아스(Pablo Iglesias)다. 피케티(Thomas Piketty)가 경제 정책 자문(국제전문가위원회 위원)으로 활동하고 있으며 2016년 초, 당원 규모는 40만 명에 이르렀다.

포데모스는 정당명 자체가 슬로건으로서 '우리는 할 수 있다'를 내세우고 중간층, 비정규직, 청년실업자를 아우르는 서민의 정치를 주장한다. 주요 정책으로는 무상 교육, 무상 보건(민간병원을 국영으로 전환), 반긴축정책, 무분별한 구조조정 반대(이윤 기업의 해고 금지), 최저임금 대폭 상승, NATO 반대, 국제 채권단에 대한 채무 재조정이 있다. 좌파 정당이지만 계급 이슈보다는 부패 타파를 더 강조한다.

포데모스의 선거구호는 "당신이 희망을 가지고 투표한 마지막은 언제인가"이다. 5대 목표는 공교육 개선, 부패 근절, 주거권 보장, 공공의료 개선, 가계부채 조정이며 이러한 안들은 온라인을 통해 수렴한 국민들의 안이다. 이들을 하나의 정치 결사체로 묶는 것은 온라인 네트워크로서, 의견수렴, 정책토론, 후보 선출을 온라인을 통해 진행하며 당원이 아니더라도 누구나 참여할 수 있다.

---

209) 포데모스의 유튜브 채널(https://www.youtube.com/user/CirculosPodemos, 구독자 75,000명).)

4) 조직 구성

포데모스는 자발적인 광장 집회, 은행 자금을 거부하고 크라우드펀딩을 통한 소액 다수 정치자금 모금, 풍부한 동영상 활용, 지속적인 온라인 교육 프로그램, 소셜 미디어 연결 확장으로 ICT 기반의 조직화에 성공하고 있다. 포데모스는 크라우드펀딩을 통해 자금을 모금하여, 창당 100일 만에 치른 유럽의회 선거에서 다른 정당이 200만 유로를 넘게 쓰는 선거비용을 10만 유로로 줄였다.

이 선거에서 8%를 득표하여 스페인에 할당된 54석 가운데 5석을 확보했다. 1인당 0.12유로(약 150원)가 든 셈이다. 당대회도 23,000유로(약 3,000만 원)으로 치렀으며, 소속 의원의 세비도 최저 임금 3~4배로 제한하고 나머지는 당 사업에 사용하였다. 이슈가 있을 때는 개별

〈표 5-1〉 포데모스 당원수 증가 추이

Date	Membership (approx.)
28 July 2014	0[25]
17 August 2014	100,000[25]
27 October 2014	200,000[81]
14 November 2014	250,000[2]
29 December 2014	300,000[2]
26 February 2015	350,000[2]
16 April 2016	400,000[2]

＊출처: https://en.wikipedia.org/wiki/Podemos_(Spanish_political_party)

모금을 진행하고, 수입지출 내역은 온라인 회계장부에 투명하게 공개한다. [210]

5) 단위조직, 시르쿨로스

포데모스의 기초 조직 '시르쿨로스[211]'는 회비도 없는 오프라인 대중모임이다. 지역 단위 개인 미팅 그룹이면서, 보육, 농업, 음악 같은 공동 관심사를 바탕으로 30~40명 혹은 300명 이상 규모로 조직된다. 대표자나 회비 없이 시민의 직접 토론을 통해 의제를 결정하는 개방 자치형 대중 조직으로서 함께 하고자 하는 의지만 있으면 누구나 미리 신

〈그림 5-6〉 스페인 전국의 시르쿨로스 현황

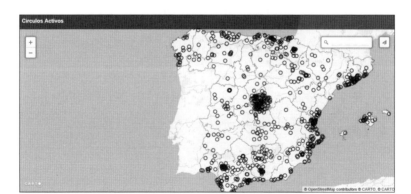

＊출처: https://podemos.info/circulos(검색일: 2018.5.10.)

---

210) "우리도 포데모스." (중앙일보 2016. 3. 30.).
211) circulos, 서클(https://podemos.info/circulos). 이글레시아스가 설명하는 시르쿨로스 안내 영상(https://www.youtube.com/watch?v=8LEsXxG9JYs).

청하지 않고 참여할 수 있다. 2016년 3월 현재, 스페인 전국 시르쿨로스는 900개가 넘으며, 트위터를 운영하는 시르쿨로스도 다수이다. [212]

시르쿨로스는 온라인 투표로 공교육 개선(45%), 부패 근절(42%), 주거권 보장(38%), 공공 의료 개선(31%), 가계 부채 조정(23%) 등 5개 공약을 포데모스의 전략적 목표로 설정했다.

6) 공론장, 플라자 포데모스

이용자들은 레딧(Reddit)의 플라자 포데모스 공론장에서 쌍방향 의사소통을 한다. 싱크탱크 라보데모(Labodemo)가 레딧에서 나와 오픈소스 소프트웨어로 업데이트하며 플라자 포데모스 2.0이라고 불렀는데, 이 서비스에서는 시민 제안과 토론이 가능하고, 소셜 미디어를 적극적으로 활용하는 것이 특징이다. 또한, 협업 문서 편집 프로그램 타이탄패드(Titan pad)를 사용하고 별도의 플랫폼인 'participa'에서 등록할 수 있다.

플라자 포데모스에는 매월 평균 30만 명의 사람들이 방문하였는데, 434,000명의 등록자 가운데 20%의 지지를 받으면(혹은 서클로스의 20%의 지지) 제안자와 조직간에 1개월 간의 협의를 거쳐 최종 투표가 이루어진다. 2014년, 포데모스는 플라자 포데모스에서 토론을 통해 세금 회피 혐의를 받은 거물 정치인을 고발하기도 하였다.

---

212) 포데모스 시르쿨로스 명단. https://15mpedia.org/wiki/Lista_de_c%C3%ADr-culos_de_Podemos

7) 포데모스 활동과 득표 효과

2016년 포데모스는 시민, 청년단체와 논의를 통해 "인권에 대한 보편적 선언문 25개 조항"을 만들었고, 주거, 건강, 에너지, 최저임금에 대한 최소한의 권리를 담아 '25법'[213]을 의회에 제출했다.

포데모스는 '투명한 포데모스'라는 사이트에 의원과 당직자 개개인의 구체적인 정보와 수입·지출 내역을 꼼꼼히 공개한다. 이 사이트에 의하면 포데모스 수입의 98.5%는 5유로(6,600원) 이상의 기부로 이루어졌고, 나머지는 자체 수익 활동으로 이루어졌다.

포데모스는 창당 4개월 만에 유럽의회 선거에서 8% 득표, 5석 확보, 2015년 지방선거에서 마드리드 시장과 바르셀로나 시장에 당선되었으며, 아호라 마드리드(Ahora Madrid, 포데모스와 Gane mos 정당연합)는 마드리드 시의회의 57석 가운데 20석을 획득하였다. 이어, 2015년 12월 총선에서 69석을 획득해 제3당[214]으로 하원에 진출해(총 350석, 양당 체제 붕괴) 돌풍을 일으켰는데, 이런 활동을 스타트업 정당(Startup Party)이라고 표현하기도 한다.

2016년 1월 포데모스 의원들은 등원에 앞서 퇴직연금을 받지 않기로 했고, 월급도 최저임금의 3배 수준인 월 1,930유로(256만 원)만 받기로 결정하며 특권을 버렸다.

---

213) LEY 25(https://podemos.info/ley-25-de-emergencia-social).

214) 스페인 현대 정치를 30년 이상 지배해온 양대 정당은 우파 국민당(PPP)와 중도좌파 사회노동당(PSOE)이다. 이 선거에서 국민당은 123석을 얻어 과반수 의석에 미치지 못했다.

선거	년도	의석, 득표율
유럽의회선거	2014년	5석, 8%(페이스북 친구 75만 명, 트위터 팔로어 35만 명)
총선	2015년	하원(42석, 20.7%), 상원(12석)
	2016년	하원(47석, 21.2%), 상원(11석)(페이스북 친구 104만 명, 트위터 팔로어 90만 명)[215]

＊출처: https://en.wikipedia.org/wiki/Podemos_(Spanish_political_party)

2. 해적당

1) 개요

네트워크 정당의 시초인 해적당(Pirate Party)[216]은 스웨덴 정부의 세계 최대 파일 공유사이트 '파이어릿 베이(Pirate Bay)' 서버 압수 및 서비스 차단 조치에 저항하여 2006년 1월 웹사이트를 열었다.

해적당은 국가별 운영 방식과 영향력이 매우 다양한데, 2006년 9월에 창당한 독일 해적당은 기존 체제의 지도부 혹은 집권 정당이나 연합정당 위주의 결정권 독점에 저항하며 직접 결정과 다수의 충분한 토

---

215) 국민당(트위터 팔로어 44만 명), 사회당(트위터 팔로어 34만 명).
216) https://pp-international.net

론을 새로운 대안적 운영 방법으로 제시하였고, 그 결과 2006~2011년까지 35명에서 12만 명 규모로 성장하였다. [217)

또한, 초기에는 ICT와 미디어 영역에 집중했지만, 이후에는 인터넷 정책과 관련한 조세와 건강, 에너지, 환경, 아동, 가족 영역으로 세부 방안을 점차 확장하였으며, 2013년 연방의회선거 전에는 외교 정책에 관한 논의까지 진행하였다. [218)

창설자는 파이어릿 베이 대표 파크빙예(Richard Falkvinge)와 53명의 창립 멤버이며, 주요 정책은 저작권과 특허권 개정, 시민의 권리, 직접 민주주의, 정보 공유(open contents), 정보 프라이버시, 투명성, 정보의 자유, 반부패 그리고 넷 중립성(net neutrality)이다.

특히, 저작권 부문에서는 일시불이나 할부로 비용을 지불하고 인터넷 콘텐츠를 소비할 수 있는 문화 정액제와 프리 릴리즈(free release)와 포스트 릴리즈(post release)를 통해 일반인이 비물질적 예술 작품을 자유롭게 구입하기를 주장한다. 즉 창작자가 자신의 창작물에 대한 구매 가격을 정하여 일부 공개한 후에 그 가격에 도달할 정도로 소비되면 공유 자산으로 완전하게 공유하는 방식이다. 이는 과거 해커 윤리가 추구했던 완전한 정보 공유의 이상과는 다소 거리가 먼 것으로, 사이버 자유지상주의가 자본주의 틀 내에서 합리적 이슈로 조정되고 있음을 보여주는 것이다. [219)

---

217) 장우영(2013: 72).
218) 박설아·류석진(2013: 143-144).
219) 장우영(2013: 69).

2) 국제적 네트워크 정당

해적당은 스웨덴(2006년)과 독일(2007년) 등에서 창당한 글로벌 정당으로서, 2018년 4월 현재, 46개 국에 존재한다. [220) 국가내 정당이 아니라 국가 정당 및 EU 해적당과 같은 초국가 정당, 지역 해적당 등의 다차원 조직으로 구성되어 있다.

각국 해적당은 협력 및 의사소통을 통해 운영되며, '국경을 초월한 해적들(pirates-without-borders)' 프로젝트를 만들어 국제적으로 공조한다. 이들의 국제 공조 체제는 PPI(Pirate Parties International)라고 부르는데, PPI를 비롯한 스웨덴, 호주, 영국, 독일, 캐나다 해적당은 자체적으로 위키(Wiki)를 구성하고 집단 지성을 적극 활용하여 해적당에 관한 자료 수집 및 안내, 주요 사항을 구성한다.

2006년 스웨덴 해적당 창당 이후 2009년 10월부터 벨기에에 소재를 둔 NGO형태가 조직되고, 2010년 4월 브뤼셀 국제회의에서 PPI가 공식 출범하였다. 하부 조직으로는 '젊은 해적들(JuPis, Jurgen Piraten)'을 운영하며, 트위터, 페이스북, 유튜브, 팟캐스트 등 다양한 소

---

220) 46개 국은 그리스, 남아프리카공화국, 네덜란드, 노르웨이, 뉴질랜드, 독일, 라트비아, 러시아, 루마니아, 룩셈부르크, 모로코, 미국, 벨기에, 벨라루스, 브라질, 사이프러스, 스위스, 스웨덴, 스페인, 슬로바키아, 슬로베니아, 아르헨티나, 에스토니아, 엘살바도르, 영국, 오스트리아, 유럽, 아이슬란드, 이스라엘, 이탈리아, 일본, 중국, 체코, 칠레, 카자흐스탄, 카탈로니아, 캐나다, 콜롬비아, 크로아티아, 페루, 포르투갈, 폴란드, 프랑스, 핀란드, 필리핀, 호주 등이다. 각국 해적당 웹사이트는 http://pp-international.net/pirate-parties, 해적당 운영방식과 활동에 대해서는 Martin Hausler(2011), 박설아·류석진(2013), 장선화(2012), 장우영(2013) 참조.

셜 미디어로 의사소통한다.

3) 단위 조직, 크루

독일 해적당에서는 크루(crew)[221]라는 소규모 집단이 중추적 역할을 수행하였다. 노르트라인-베스트팔렌의 지역 모임으로 처음 등장한 크루는 5~9명을 중심으로 지역 의제에 중점을 두어 온·오프라인의 활동을 전개한다. 크루의 모든 회의록은 공개한다. 한편, 몇 번의 지방의회 선거를 거치면서 각 크루의 영향력 다툼이 발생하거나 정당 지도부 결정에 대한 반발이 나타나기도 하였다.[222]

현재에는 NRW와 베를린에서만 크루가 활동 중이고 다른 지역의 개별 크루가 형성되어 있다. 크루는 신속하고 비관료적인 기초 하에 독립적으로 활동하는 유연한 조직으로서 비용도 적게 드는 경제적 집단이지만 한편으로는 역량 부족, 지방선거에 영향을 미칠 수 있도록 조직화하는데 미흡, 자금 부족 등의 한계가 있기도 하다.

4) 의사 소통 방식

각국 해적당은 포럼 게시판을 별도로 두고 해적당의 세 가지 주요 목표 및 국가와 지역별로 활발한 토론을 진행한다. 특히 독일과 스

---

221) https://wiki.piratenpartei.de/Crews
222) 박설아·류석진(2013: 147).

위스 해적당은 웹 채팅을 통해 당원간 의사 소통을 진행하며, 상시적으로 400~500여 명이 접속하여 자신의 견해를 개진하고 상대의 의견을 공유한다. tool 메뉴를 통해서는 '라임 서베이(Lime Survey)'라는 온라인 설문 애플리케이션을 활용하여 의견을 수렴하고 의사 결정 과정을 인터넷으로 생중계한다.

당원은 의견이 있을 경우 전당대회 전에 리퀴드 피드백[223]에 의견을 제출할 수 있다. 참여 인원이 많아서 일반적인 포럼 진행이 어려울 수 있다는 문제 의식에서 출발한 리퀴드 피드백은 안건이 발의되는 과정에서 다른 이용자의 의견이 더해질 수 있다. 단, 발의는 이용자의 10% 지지를 받아야 하고 안건에 대한 공지 후에는 슐츠 방식[224]으로 표결을 한다. 의제에 대한 투표 권한은 등록 당원에게 있지만 자신의 표를 다른 당원에게 위임할 수도 있다. 토론은 '해적 피드'라는 온라인 문서를 통해 진행되며, 트위터에도 제안을 올려 확산시킨다.

리퀴드 피드백 토론 후에는 전당대회에서 공식 의결 절차를 거치는 등 온라인 토론과 제도와의 연결성을 유지하고 있다. 이런 과정을 통해 새로운 의제를 제안할 뿐만 아니라 선거 포스터도 함께 제작하고, 전당대회 개최 장소를 함께 모색하고, 무엇보다 함께 정책을 만드는 집단지성(크라우드소싱)을 실천하는 것이다.

리퀴드 피드백의 목표는 안건에 대한 민주적 의사 결정, 기술시스템을 이용한 참여 확대, 비생산적 언쟁 배격, 찬반투표를 넘어선 대안

---

223) liquid feedback(https://liquidfeedback.org, 2010년). 리퀴드 피드백의 안정화 버전은 2010년 4월 18일에 발표되었다.
224) Schulze Method(선호 순서대로 1위부터 끝까지 기입하는 방식).

도출, 만장일치와 같은 획일적인 결정 배제, 신뢰성과 투명성을 담보한 건실한 의사결정 등이다. [225)]

물론, 리퀴드 피드백 표결 참여자는 700여 명 뿐인데, 25,000명의 당원에게 영향력을 미칠 수 있는가, 위임받은 슈퍼 위임자는 역시 소수의 리더이므로 이는 현실 권위정치와 다를 바 없다는 비판도 있다. 한편, 리퀴드 피드백의 결과는 구속력이 없지만 새로운 의제를 설정하고 다수의 이해를 돕는데 매우 효과적이라는 평가도 있다.

리퀴드 피드백은 첫째, 안건에 대한 민주적 의사 결정, 둘째, 기술 시스템을 이용한 많은 참여 유도, 셋째, 비생산적인 말싸움 배제, 넷째, 찬반 투표를 넘어선 대안 도출, 다섯째, 만장일치와 같은 정치적 결정 방식 배제, 여섯째, 신뢰할 수 있고 투명한 의사 결정 방식 제시라는 여섯 가지 목표 하에 정책 사안별로 직접 투표하거나 해당 사안에 한해 다른 플랫폼 이용자에게 위임할 수 있도록 자율적으로 설계되어 있다.

즉, 위임, 선호도 표현, 의견 수렴, 의견 수정이 가능한 대화형 민주주의를 구현하고자 하며, 중앙정부의 시민 참여부터 지자체의 지역 정책 이슈, 사기업의 전략적 결정 사안 등에 이르기까지 모두 활용 가능하다는 것이 장점이다.

안건이 신규 등록 또는 토론 진행 단계에 놓여 있을 경우에는 보충하거나 수정도 가능하다. 이때 최초 아이디어 제시자 뿐만 아니라 일반 지지자들도 안건을 보충하여 수정 동의안을 제출할 수 있다. 토론은 일정 기간을 지나면 종료되고, 이때부터 안건 내용 수정은 할 수

---

225) 장우영(2013: 77-78).

없다. 투표 단계에서는 슐츠 방식을 통해 마음에 드는 한 개가 아닌 선호도에 따라 1위부터 기입한다.

사용자 확인을 위해 시스템 데이터에 접근하는 것은 언제든지 가능하지만 전략적 투표를 방지하기 위해 투표 진행 중인 안건에 대해서는 관련 데이터를 공개하지 않는다. 리퀴드 피드백은 아이디어를 크라우드소싱할 수 있고, 제출된 정책 아이디어들에 대한 선호도를 물을 수 있으며, 위임 수준 또한 조절할 수 있다는 점에서 혁신적이다.

리퀴드 피드백은 이 외에도 포츠담 대학교 학생회, 이탈리아 오성운동당이 활용하였으며, 정당 뿐 아니라 11,000명 이상의 회원을 보유한 독일 슬로 푸드(Slow Food)와 같은 협회 및 비영리 단체에서도 조직원을 대상으로 활용하였다.

5) 득표 효과

해적당은 2009년 스웨덴 유럽의회 의원선거에서 2석을 차지하고 7.1%의 득표율을 기록하면서 주목을 받았다. 2006~2012년까지 스웨덴의 해적당 당원수는 9,000~40,000명 규모에 이른다.[226]

이어 2011년에는 대표 파크빙예가 아동포르노 소지 합법화를 옹호했다는 비판에 직면하여 대표에서 사임하였다. 2016년 4월 아이슬란드 선거에서 해적당은 3석을 차지하였고, 파나마 페이퍼 정치 부패 때문에 총리 사퇴로 이루어진 2016년에는 10석을 얻었다(지지율 43%).

---

226) 장우영(2013: 72).

이와 같이 해적당은 2006~2013년까지 각국에서 130회 정도 선거에 참여했는데 아이슬란드와 체코를 제외하고는 2013년부터 퇴조기이다.

〈표 5-3〉해적당 득표 현황

선거	년도	의석, 득표율
유럽의회선거	2009년	스웨덴(2석, 7.13%, 21세 이하 투표자의 24%가 지지, 당원수 8,945명)
	2014년	독일(1석, 1.45%)
총선	2013년	아이슬란드(3석, 5.1%)
	2016년	아이슬란드(10석, 14.48%)
	2017년	아이슬란드(6석, 9.2%)
	2017년	아이슬란드(6석, 9.2%)체코(22석, 10.78%)
지방선거	2011년	독일 베를린(15석 시의원, 8.9%)
	2012년	독일 자알란트주(4석, 7.4%) 독일 슐레스비히-홀스타인주(6석, 8.2%) 독일 노르트라인-베스트팔렌주(20석, 7.8%) → 전체 해적당 지지율 13%

＊출처: https://en.wikipedia.org/wiki/Pirate_Party

3. 오성운동당

2009년 10월, 이탈리아 배우 베페 그릴로(Beppe Grillo)가 창당한[227] 오성운동당[228]은 물, 교통, 개발, 인터넷 접근성, 환경의 다섯 가지 의제를 정책으로 채택하고, 지역 기반의 상향식 결집, 인터넷에 대한 자유주의적 접근, 당원 가입, 교육, 모금, 토론, 집단화, 후보 선출에 ICT를 적극적으로 활용하였다.

오성운동당 출신의 후보자는 별도의 심사위원회가 아닌 사이트를 통해서만 후보 신청을 할 수 있다. 회원들의 온라인 경선으로 후보자를 선출하며, 선거 운동과 홍보도 인터넷을 통해서만 이루어진다.

오성운동당은 소셜 미디어, 홈페이지, 블로그, 유튜브, 트위터, 페이스북, 모바일 앱을 활용하여 당의 역사, 대표자의 주요 발언, 현역 의원의 의정 활동을 소개한다. 또한 당 소속 의원과 온라인에서 대화할 수 있고, 가장 가까운 오성운동당 그룹을 지도로 안내받을 수 있다.

모바일앱을 통해 타임라인별 주요 정보, 각종 소셜 미디어 연결이 가능하며, 쌍방향 의사소통에도 주력한다. 흥미로운 콘텐츠를 제작하여 젊은 세대의 정치에 대한 관심을 독려하기도 한다. 이와 같은 방식은 비용 대비 효과가 높고 젊은 세대의 참여를 높이는 장점이 있는 반면, 극단적인 반정치 메시지에 치중한다는 부정적인 평가를 받기도 한다.

오성운동당은 2009년 처음으로 선거에 입후보했고, 2012년 지

---

227) 베페 그릴로는 창당전인 2005년 자신의 블로그(http://www.beppegrillo.it)를 개설하고 활발한 정치활동을 하였다.

228) Movimento 5 Stelle, http://movimentocinquestelle.it

방선거에서 최초로 진출하였다(당원 수 255,339명). 이어서 2013년에는 총선 하원 득표율 25.5%, 총 630석 가운데 109석 획득, 상원 득표율 24%, 총 315석 중에 54석을 획득하였다. 2016년 6월 로마시장 선거에서는 오성운동당 후보인 비르지니아 라지(37세)가 67.2%를 득표하여 최초로 여성 시장으로 당선되었으며, 토리노시장 선거에서는 키아라 아펜디노(31세 기업인)가 54.5%로 시장으로 당선되었다.

4. 시민의회 시도

2016년 12월 8일 촛불 집회 기간동안 정치 벤처 와글과 YMCA 연맹은 개발사 빠띠를 통해 시민의회 사이트[229]를 개설하고, 시민의회 대표 인물에 대한 의견 수렴 플랫폼을 개설하였다. 1차로 128명, 2차로 1,013명까지 총 1,141명이 공동 제안자로 참여하였으며 박근혜게이트닷컴에 명단을 게시하였다.

그러나, 제안 개설 후, 시민대표 의견투표(인기투표 방식)에 대해 이견이 많이 제기되었고, 이에 대해 12월 10일 와글 대표가 사과문을 발표하였으나 이후 시민의회 서비스는 중지되었다. 12월 8일부터 11일까지 4일에 걸친 단기간동안 사이트에 게시된 글은 현재 한국 현실에서 온라인 시민의회를 평가하는 찬반 의견을 가장 심도있고 분명하게 표출하였다.

---

229) http://citizenassembly.net

<그림 5-7> 박근혜 게이트 닷컴의 온라인 시민의회 제안 화면

＊출처: http://www.parkgeunhyegate.com

<그림 5-8> 시민의회 논쟁화면

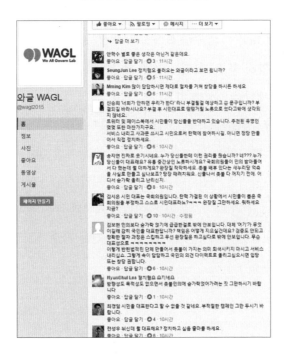

〈표 5-4〉 시민의회 논란의 주요 내용

시민의회 찬성	시민의회 반대
문제 공론화를 통한 사회문제 해결 모색(집단지성 효과: 대한민국 하면 떠오르는 단어를 공모하여 빅데이터 분석)하고 제도 개선 요구. 분권화를 통한 민주성 확보. 각계 각층, 지역·직업·관심분야별 시민의회 분권화 필요. 국회의원 규모와 같게 300명으로 대표단 구성(청년 50%, 여성 50%, 와글 대표의 의견). 50% 이상이 찬성하면 바로 대표 해임. 대표가 아닌 대리인 추첨 민주주의 적용 인터넷 정보공개를 통해 투명성 확보. 다양한 토론 방식 적용: 온라인 토론회, 온라인 공청회, 온라인 오디션, 온라인 투표, 온라인 시민 청문회 등. 국민입안, 국민발의, 국민소환, 국민투표 장치 마련.	− 대의민주주의 무시 혹은 폄하. 국회의원 감시 역할을 강화하고 보완하는 것이 훨씬 더 생산적임. 정치혐오 조장 − 완장권력, 엘리트주의의 반복. 혹은 NGO 들러리 세우기에 불과함. − 국민 전체 투표로 이뤄지지 않았기 때문에 대표성 없음. 시민의회 대표의 정당성 없음. − 국민이 이룩한 촛불 집회 취지와 의미를 온라인 시민의회 세력 확장에 대한 도구적 활용으로 퇴색하게 함. 촛불 집회의 자발성 훼손. "온라인 시민의회를 위해 촛불을 든 것이 아니다" − 추진 주체(와글, YMCA연맹)의 정당성을 신뢰하기 어려움. 조직 정보를 투명하게 공개해야 함. 구체성 부족. 시민의회 목적 불분명. 단순 포퓰리즘? 제도적 대안 불분명 / 불분명한 실천 방식. 박근혜, 전두환도 다수득표하면 대표자 역할 가능? / 법적 정당성 불분명. 시민의회 대표단의 규모, 역할, 권한의 모호성 성급한 일정(12월 19일까지 구성 완료는 무리한 일정임).

*출처: 온라인 시민의회 의견 토론방 의견 논쟁(2016.12.8.−11., http://citizensassembly.parti.xyz/p/role)

시민의회 논란은 온라인 참여와 민주주의에서 매우 중요한 정치적 의미를 지니고 있는데, 비록 실패하였더라도 그동안 네 차례의 촛불집회 과정에서 나타나지 않았던 본격적인 제도화 시도가 이루어진 첫 사례이기 때문이다. 일상적인 온라인 참여와 주말의 촛불 집회와 같은 대중 집회가 제도화로 이어진다면 촛불 집회의 정치적 의미를 더욱 강력하다고 평가할 수 있는데, 시민의회 시도는 그 사례를 보여준 것이기 때문이다.

물론 인물 대표는 존재하지만 대표성에 대한 거부가 강력히 나타난 점, 정책이 아니라 인물 대표 선출에 머물러 능동적이기 보다는 수동적인 전략을 구사한 점, 그리고 좀 더 정교한 정치적 디자인이 부족했다는 한계가 나타나 초기 시도로 평가할 수 밖에 없지만 이전에는 나타나지 않았던 제도화 시도를 했다는 점에서 시민의회 사례는 매우 의미가 크다.

2016년 10월 설립된 개발자 협동조합인 소셜벤처 '빠띠(Parti)'는 캠페인을 제안하고 토론할 수 있는 플랫폼으로서 '우주당' 사이트를 개설하였다. [230] 페이스북 그룹으로 모인 사람들이 프로젝트 정당을 구성하여 하루만에 8,000명이 모였다. 이는 공식적 정치 정당은 아니지

---

230) 빠띠는 그 이전에도 활발한 온라인 참여활동을 하였다. 2016년 초에는 테러방지법 저지를 위한 국회 필리버스터가 진행될 때, '국회의장에게 보내는 국민의 편지'에 327,166명이 참여하여 34,676개의 의견을 냈고, 2016년 6월 GMO 완전표시제법 입법을 위한 온라인 프로젝트 정당 '나는 알아야겠당'을 결성하였다. GMO 완전표시제법은 각 정당의 주요 공약에 대한 직접 투표에서 5,470표를 얻어 채택됐고, 17만 명이 서명하였으며, 이후 입법안의 쟁점을 토론하여 국회의원에게 전달하였다.

〈그림 5-9〉 페이스북 이용자 최게바라 기획사(@choiguevaracompany)의
깃발부대 참가 모집서

<깃발부대 참가 신청서>

유쾌하면서도 통쾌한 깃발을 함께 만들어서 거리로 나갈 깃발부대 참가자 15명을 모집합니다. 언제
없어질지 모르니 존재할때 신나게 활동합시다.

1. 깃발부대 활동내용:
- 함께 모여 치맥을 먹으며 아이디어를 낸다.
- 같이 그려보고 디자인하며 깃발 20개를 만든다.
- 깃발부대가 26일 토요일에 광화문으로 간다.

2. 깃발부대 활동원칙:
- 풍자와 해학을 담아야 한다.
- 재밌지만 메시지도 있어야 한다.
- 비하/차별/욕설 사용은 금한다.

3. 깃발부대 활동모임:
- 준비: 2016.11.24(목) 20:00
- 실행: 2016.11.26(토) 13:00 광화문
- 장소: 서울 신촌 (자세한건 따로)

* 필수항목

이름 *

내 답변
_____

1. 연락처 *

* 출처: https://docs.google.com/forms/d/e/1FAlpQLScxTH6Ek79Q35m8fwNfKSWD–
VsnGjvYJxkVpL0usj0QFv02Jg/viewform?edit_requested=true(검색일: 2016.11.21.)

만 8개의 캠페인을 제공하면서 재미있는 집회 참여를 독려하였다. 일례
로 11월 5일 집회에 나온 우주당원 8명은 깃발 대신 휴대전화용 플래
카드를 들고 집회 현장에서 인증샷을 남겼으며, 11월 12일에는 나홀로
집회에 온 당원들을 위해 플래카드 인증샷을 올릴 경우 위치 정보를 공
유하였다.

이들은 또한 새누리당 해체를 요구하는 '우리 다신 만나지 말자'
서명을 시작으로 박근혜-최순실 게이트 아카이브, 세월호 아카이브,
청소년들의 정치 플랫폼 '틴즈디모', 탄핵 이후를 토론하는 '함께 그리
는 새로운 대한민국' 등의 정치 캠페인도 전개하였다. '우주당'은 스티

커를 제작하여 이 스티커를 붙인 사람들을 찾아나서는 (포켓몬고와 같은) '하야고(GO)' 게임도 하였다.

빠띠는 시국선언 제안부터 참여, 작성까지 온라인을 통해 진행하였는데, 그 결과 '사회선언가 N명의 크라우드소싱 시국선언문'에 182명이 참여했다. [231]

〈그림 5-10〉 우주당

＊출처: http://wouldyouparty.org(검색일: 2016.11.15.)

---

231) 타임랩스로 편집한 시국선언문의 작성과정은 https://www.youtube.com/watch?time_continue=3&v=xywu4gQMgns 참조.

제3절

결집의 네트워크 효과

1. 연결 행동과 집단 행동

연결 행동 네트워크(connective action network)는 진행 단계나 네트워크 특성에 따라 세 가지 유형으로 구분할 수 있다(네트워크별 특징은 〈그림 5-11〉 참조).[232] 물론 이러한 유형은 하나의 유형화일 뿐 현실 세계에서는 각 유형의 혼종이 존재한다.

첫째와 둘째 유형은 중심 혹은 이끄는 행위자 없이 중요한 조직 에이전트(agent)로 기능하는 기술 이용 시민이 조직한 네트워크를 의미한다. 개인 행동이 신뢰성 있는 소셜 미디어를 넘어 전달 구성단위가 된다. 스페인 인디그나도스 사례는 이 유형의 전형적인 예로, Demoracia Real Ya!와 같은 기술 플랫폼을 이용하여 기존 조직에서는 주변부였

---

232) Bennett & Segerberg(2012).

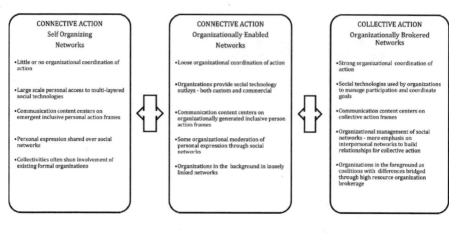

CONNECTIVE ACTION
Self Organizing
Networks

- Little or no organizational coordination of action

- Large scale personal access to multi-layered social technologies

- Communication content centers on emergent inclusive personal action frames

- Personal expression shared over social networks

- Collectivities often shun involvement of existing formal organizations

CONNECTIVE ACTION
Organizationally Enabled
Networks

- Loose organizational coordination of action

- Organizations provide social technology outlays - both custom and commercial

- Communication content centers on organizationally generated inclusive person action frames

- Some organizational moderation of personal expression through social networks

- Organizations in the background in loosely linked networks

COLLECTIVE ACTION
Organizationally Brokered
Networks

- Strong organizational coordination of action

- Social technologies used by organizations to manage participation and coordinate goals

- Communication content centers on collective action frames

- Organizational management of social networks - more emphasis on interpersonal networks to build relationships for collective action

- Organizations in the foreground as coalitions with differences bridged through high resource organization brokerage

＊출처: Bennett & Segerberg(2012)

던 개인이 쉽게 참여할 수 있는 개인 행동을 발전시킨다.

첫째 자기조직화 네트워크 유형은 행동의 조직적 조화가 적고, 다층적인 시민 기술에 대규모 개인이 접근한다. 그래서 개인화하기 쉬운 콘텐츠가 생산되며, 소셜 미디어에서 개인 의견도 공유한다. 그러나 공식 조직의 관여는 피하는 경향이 있다. 월스트리트 점령운동은 이 첫째 유형에서 시작했지만 나중에는 둘째 유형으로 진화하였다.

둘째 조직화 가능한 네트워크 유형은 느슨한 연대의 조직적 조화가 이루어지고, 시민 기술을 관습적으로나 상업적으로 이용한다. 또한 포괄적 개인 행동에 중심을 둔 커뮤니케이션 콘텐츠를 생산하고 소셜 미디어를 통한 개인 의견 표출을 조직적으로 절제하는 경향도 있다.

이에 비해 셋째 조직적으로 중계된 네트워크 유형은 다소 이상적인 집합 행동 유형으로서 협력 증진 부담과 차이점을 연결하는 중계적 협상 조직(brokering organization)에 의존하는 큰 규모의 행위 네트워크이다. 여기에서는 행동의 강력한 조직적 조화가 이루어지고 참여를 관리하고 목표를 조직화하기 위해 시민 기술을 이용하며 집단 행동을 중심에 둔 커뮤니케이션 콘텐츠를 생산한다.

2. 지도자 없는 수평운동

시민 집회는 사회가 새로운 기술을 채택할 때 일어나는 것이 아니라 사회가 새로운 행동을 채택할 때 일어나는 것이다. 그런 의미에서 보면 대중은 이미 새로운 행동을 채택하고 있다.[233] 그 과정에서 소셜 미디어는 시민 집회와 같은 정치적 급변 국면에 그 모든 정치적 매개보다 앞서 폭발적이고 혁신적인 매개 기능을 수행함으로써 집단 행동과 의제 확산의 촉매 플랫폼(catalystic platform)으로 작동한다.[234]

틸리(Tilly) 등의 자원동원이론에 의하면 소셜 미디어로 연결된 사람들을 '조직화된 군중'이라고 평가하기는 어렵다. 또한 이들은 조직화되어 있지 않기 때문에 수직적 위계 관계가 아닌 수평적으로 평등한 관계로 엮여 있기도 하다.

그 연결의 강도도 강력한 유대 관계라기보다는 언제든지 모였다

---

233) Shirky(2008: 159).
234) 조희정(2011: 310).

가 헤어질 수 있는 (좋게 말하면) 유연하고 (비판적으로 보면) 아무 것도 책임질 것이 없는 약한 유대 관계의 다중들이라고 평가할 수 있다.

집회 참여자나 지지자들이 수평적인 약한 유대 관계로 연결되어 있다는 것은 리더십의 수준이 다층적이라는 것을 의미하기도 한다.

전통적인 자원동원이론에 의하면 강력한 리더십과 체계적인 조직화 그리고 이런 구조를 뒷받침할 수 있는 물적·인적 자원이 있으면 혁명은 성공한다. 그러나 네트워크 사회의 집회는 누구나 리더가 될 수 있고, 때로는 상대적으로 수많은 작은 단위의 느슨한 연대로도 이루어질 수 있다.

리더십의 성격이 강력하든 유연하든 적어도 구조 상에서 리더의 위치가 그렇게 자리매김되어 있는 것이다. 물론 네트워크 속에서는 카리스마적이고 강력한 리더십보다는 유연한 리더십이 훨씬 영향력이 크고 오래 갈 수 있다.

제6장 | **시민 집회와 시민 기술의 쟁점**

제1절

미디어의 역할과 효과

이 책 전체에서 정보 제공, 자원 동원, 대화와 토론, 결집 부문에서 다양한 미디어의 활용을 정리했다. 그러나 미디어의 활용 이전에 사람들이 가장 보편적으로 관심 있던 것은 과연 미디어 때문에 시민 집회가 발생한 것인가 그렇지 않은가였다. 이에 대해서는 2011년 아랍의 봄부터 논쟁이 촉발되었다.

소셜미디어의 영향력에 대한 무용론 중심의 말콤 글래드웰(Malcolm Gladwell)과 필요론 중심의 클레이 서키(Clay Shirky)가 정반대의 해석으로 논쟁을 촉발했다. [235]

---

235) 소셜미디어의 필요론과 무용론에 대해서는 조희정(2011: 314-316) 참조.

1. 소셜 미디어 무용론

무용론을 주장한 말콤 글래드웰은 《뉴요커(The NewYoker)》에 「작은 변화(Small Change)」라는 제목의 글을 기고했다. 그는 관계 고리가 약한 소셜 미디어가 혁명을 만드는 것은 아니라 강한 연대가 혁명을 만들 수 있는 것이라고 주장했다. 과거에도 혁명이 있었고 그 핵심에 시민이 있었던 것처럼 광장에 모인 시민이 혁명을 이루었다는 것이다. [236]

이와 유사하게 칼럼니스트 기든 라흐만(Gideon Rachman) 또한 '이집트 혁명에 대한 감상(Reflections on the Revolution in Egypt)'이라는 「파이낸셜 타임즈(Financial Times)」 기고문에서 이집트 국민의 44%가 문맹 또는 반문맹 상태에 놓여 있고 소셜 미디어를 사용할 수 있는 사람은 상대적으로 교육을 잘 받은 소수에 불과하다고 지적했다. [237]

따라서 이집트 혁명은 단지 인터넷에 의해 가능했던 것이 아니라 독재와 부패에 대한 분노, 중산층의 좌절과 빈민들의 절망 등 좀 더 보편적인 요인에 의해 촉발되었다는 것이다. 그 역시 글래드웰처럼 프랑스 혁명과 볼셰비키 혁명 시대에 소셜 미디어가 없었다는 점을 강조하였다.

라흐만과 연장선상에서 제임스 커런 등은 민주화 시위 발생 국가들 내에는 정부에 반대하는 뜨거운 저항이라는 공통적인 맥락이 오래

---

236) Gladwell(2010. 10. 4.).
237) Rachman(2011. 2. 14).

전부터 존재해왔으며 이러한 불만에는 고질적인 정치, 경제, 문화, 종교적 맥락이 포함되어 있다고 분석했다. 따라서 이들 국가의 시민들에게 디지털 미디어 급진화란 반란의 원인이라기 보다는 불만의 표현인 것이라고 분석했다. [238]

율리시스 메지아스는 미디어를 혁명의 주역으로 평가한다면, 수백만 명의 사람들을 광장으로 이끈 신발이 트위터보다 더 큰 영향력을 발휘한 것이라고 주장하였다. 그렇다고 중동 혁명을 '신발 혁명'이라고 부르지 않는 것처럼 기술에 의한 혁명 가능성은 과대 평가되고 있다는 것이 그의 주장이다. [239] 이러한 메지아스의 주장은 다양한 소셜 미디어 무용론 주장 중에 가장 극단적인 도구주의적 입장이므로 너무 편협한 근거에 기반하고 있다고 평가할 수 있다.

소셜 미디어 무용론에 의하면 혁명 주체로서 피플 파워(people power)의 중요성을 강조할 수는 있다. 그러나 한편으로는 20여 년간 축적된 인터넷과 소셜 미디어에 의한 모든 사회현상을 무화시킬 수 있다. 약한 연대의 힘으로는 변화를 일으킬 수 없다는 글래드웰의 강조는 수많은 소셜 미디어가 약한 유대를 통해 오랜 시간 평판과 신뢰를 누적하고 변화의 원동력이 되거나 그 확산 범위 또한 크다는 사실, 즉 소셜 미디어는 혁명의 조건이 아닌 혁명 가속화의 조건이 될 수 있다는 사실마저 간과하기 때문에, 약한 유대를 유지하는 강력한 허브(hub)와 네트워크의 존재 자체를 무화시키는 면도 있다.

---

238) Curran, Natalie Fenton & Des Freedman(2016: 147).
239) Mejias(2011).

2. 소셜 미디어 필요론

다음으로 필요론 중심의 클레이 서키는 「포린 어페어스(Foreign Affairs)」를 통해 글래드웰의 의견에 반박했는데, 그는 낙관적인 입장에서 소셜 미디어 확대는 10년 내 중국 공산당의 붕괴까지 야기할 수 있다고 평가하였다. [240]

IT 기술자, 아프리카 지역 전문가이며 대안 미디어 '글로벌 보이스 온라인(Global Voice Online)'의 설립자 에단 주커만 또한 「포린 폴리시(Foreign Policy)」 기고문 '첫 번째 트위터 혁명인가(The First Twitter Revolution?)'에서 중동혁명을 '트위터 혁명'으로 명명하였다. [241]

이어 오바마 대통령 역시 혁명 과정에서 사용된 모바일 기기의 위력을 강조하며 'M 혁명(Mobile Revolution)'이라고 불렀다. 포레스터(Forrester)의 분석가 오지 레이는 "소셜 미디어가 이집트 국민들의 봉기를 시작시킨 것은 아니지만 이 불씨가 소셜 채널로 이어지자, 비용 없이 실시간으로 많은 사람들에게 전달되는 능력이 이집트 국민들의 시위가 퍼지고 유지되는데 큰 역할을 했다"고 밝혔다. [242]

조셉 나이는 이와 같은 변화에는 두 가지 권력이 작용하고 있다고 분석했는데, 하나는 국가로부터 다른 주체로의 권력 이행(power transition)이고 다른 하나는 권력의 확산(power diffusion)이라고 보

---

240) Shirky(2011. 1.).
241) Zuckerman(2011. 1. 14.).
242) Gaudin(2011 : 6).

았다. 이집트 혁명 과정에서는 연성 권력(soft power)이 훨씬 중요하게 작용하였는데, 프로테스탄트 개혁에 구텐베르그의 인쇄술이 있었던 것 이상으로 훨씬 다양하고 많은 ICT로부터 권력이 생산되고 확산되었다는 것이다. [243)]

그러나 필요론은 혁명 내부에서 진행된 소셜 미디어 역할에 대한 경험적 분석을 결여한 채, 혁명의 독립 변수로 소셜 미디어를 과대평가하기 때문에 추후에는 소셜 미디어 통제론으로 까지 확대될 수 있다. 즉, 소셜 미디어를 강조하고 있음에도 불구하고 소셜 미디어를 더 이상 발전시킬 수 없는 정치적 역리가 나타나는 것이다.

3. 소셜미디어 매개론

권위주의 국가에서의 인터넷 통제에 대한 연구를 통해 인터넷의 다양한 측면을 강조하고 있는 모로조프(Morozov)는 정치 변화 기저에 흐르는 내용보다 기술 전략만 강조하는 인터넷 기업의 수단 강조 전략을 '인터넷 중심주의(Internet Centrism)'라고 비판했다.

다른 소셜 미디어 축소론자보다는 사례 이해의 필요성을 크게 강조하는 모로조프는 기업 상품인 페이스북과 혁명 플랫폼인 페이스북

---

243) 나이는 이러한 변화에도 불구하고 정부의 감시 능력과 통제 가능성과 정보 수집 (Intelligence Collection)이나 스턱스넷(Stuxnet)의 이란 원전 공격과 같은 사이 버 갈등이 심화되고 있다는 경고도 제기하였다(Nye Jr. 2011. 2. 18.).

을 구분하는 정도의 인식이 필요함을 강조했는데 이와 같은 지적은 매우 중요한 지적이다. 존 팰프리(John Palfrey) 또한 SNS의 매개역할을 '지원 도구(supportive tool)'로 평가하고 혁명 과정에서 증폭(amplify)하는 부분이 있음을 강조하였다. [244]

〈표 6-1〉 소셜 미디어 필요론과 무용론의 주요 내용과 근거 비교

구분	필요론	무용론
인물	클레이 서키, 에단 주커만, 오지 레이, 미국 정부와 정치인	말콤 글래드웰, 기든 라흐만, 율리시스 메지아스, 크리스토퍼 로즈
내용	• 결정적 역할 • 혁신지향의 기술 속성	• 소셜미디어 외 다양한 변수들이 중요 • 소셜미디어는 특정 계층만 제한적으로 사용 • 피플 파워 강조
근거	• 비용 우위, 표현의 자유와 연대의 힘	• 기술이 없던 과거의 시민혁명
한계	• 구체적인 활용방법을 제시하지 않음 • 소셜미디어 통제론 야기	• 실제 소셜미디어의 경험 사례를 폄하함 • 소셜미디어 무용론 야기

소셜 미디어 필요론과 무용론은 모두 소셜 미디어의 도구적 관점에만 매몰된 나머지 소셜 미디어 외의 다른 정치 경제적 변수들의 효과를 폄하하며 한편으로는 독립 변수로서 소셜 미디어만 강조한 나머지

---

244) Rhoads(2011. 2. 12.).

소셜 미디어에 대한 강력한 규제를 야기하는 모순적 정치 효과로 귀결될 수 있다. 소셜 미디어가 도끼나 망치와 같은 도구라 하여도 사회적인 쓰임새가 충분히 다양하게 다를 수 있다는 사용 과정에 대한 분석이 결여됨으로 인해 결국 소셜 미디어만 없으면 세상이 평온해질 수도 있다는 결론으로까지 비약될 수 있는 것이다.

따라서 소셜 미디어 무용론과 필요론이 강조하는 결과 중심의 관점은 과정 중심의 분석으로 전환될 필요가 있다. 1990년대 말부터 20여 년간 이어져 온 인터넷과 소셜 미디어의 참여·공유·개방 정신이 위기의 순간에 어떻게 현실화되었고 구체적으로 기여한 방법이 무엇인가를 평가할 필요가 있다.

시민 집회는 소기의 목적을 달성하는 것이 가장 중요하겠지만, 정치 변화 또한 정치 발전을 위한 필요충분 과정이라고 한다면 바람직한 변화 과정에 대해 고민하는 것은 정치 과정에서의 핵심이다.

즉, 필요론과 무용론 이전에 소셜 미디어가 단지 경제나 문화 활동에 머무는 것이 아니라 사회 변화를 일으킬 수 있는 역할을 어떻게 했는가에 대해서는 좀 더 자세히 설명될 필요가 있으며, 그 안에 복합적인 '정치'가 작용하고 있다는 것을 분석할 필요가 있다.

또한 기존 미디어 이용자의 인지적 태도 변화에 관련된 의제설정(agenda setting)이론이나 이용자의 행동적-행위적 변화와 관련한 점화효과(priming effect)이론처럼 인터넷 매개 커뮤니케이션이론을 소셜 미디어 매개 이론으로 적용하려는 노력이 필요하다.

미디어 매개 정치의 전개방식

1. 콘텐츠 생산과 유통의 중첩적 구조

매개론의 관점으로 수많은 시민집회에서 나타난 콘텐츠의 생산 구조를 분석해보면 급변기의 매개 정치 네트워크는 그 내부에서 미디어를 통한 매개가 역동적으로 구성되는 것이 일상에서의 활용과 다른 차이점이라는 것을 알 수 있다(〈그림 6-1〉 참조).

안정기에는 소셜 미디어의 약한 유대가 상시적으로 존재할 수 있지만 급변기에는 소셜 미디어의 매개도가 높은가 낮은가에 따라 강한 유대의 형성을 촉진할 수 있다. 안정기에는 자기가 이용하고 싶은 소셜 미디어에서 상시적으로 정보를 확산하고, 매개하고, 의견을 결집하겠지만 급변기에는 어디라도 자신이 확산시키고자 하는 메시지가 있다면 (일종의 핫라인을 찾는 것처럼) 가장 강한 소셜 미디어로 찾아가 더욱 강하게 결집하는 현상이 발생할 수 있다는 의미이다.

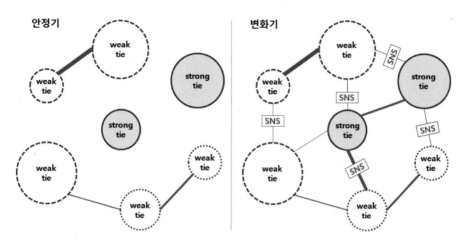

〈그림 6-1〉 안정기와 변화기의 뉴미디어 역할

*출처: 조희정(2011: 329)

이제는 몇 개의 단편적인 기술의 부분적인 이용이 아니라 이용할 수 있는 모든 기술자원을 동원하여 참여와 집회가 진행되는 네트워크 사회운동 양상이 진행되고 있다. 시민 집회에서 전개되는 미디어의 매개 정치구조는 마이크로 블로그를 중심으로 한 소셜 네트워크화, 멀티미디어와 모바일이 결합하는 융합 네트워크화, 집합 여론 네트워크화의 세 차원으로 구성된다. 따라서, 이 세 가지가 모두 활발해질 경우, 시민 집회의 확산 범위와 강도는 더욱 심화된다.

2016년 촛불 집회에서는 다양한 미디어와 신기술 그리고 모바일의 활용이 대폭 확장되었는데, 오픈소스(open source, 정보공개와 정보공유), 쉬운 절차(편의성, 정보격차(digital divide) 해소), 빅데이터(big data) 분석, 빠른 대응(프로세스의 신속성), 플랫폼(채널, 인적·물적 자원의 연결성) 등이 나타났다.

이는 단순히 기술 발전 수준 때문에 나타난 자연스러운 현상이기보다는 사회운동을 위해 대중이 동원할 수 있는 기술의 '필요(needs)'가 증가하였고, 매우 적극적으로 활용된 것으로 평가할 수 있다.

〈그림 6-2〉 뉴미디어를 통한 매개정치 구성과정(2011년 중동혁명 사례)

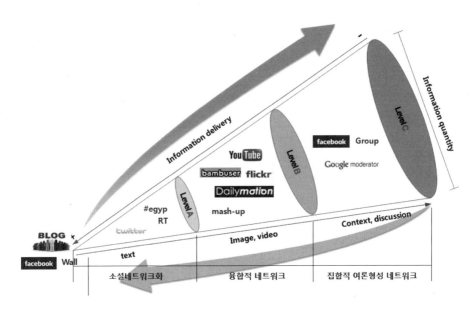

＊출처: 조희정(2011: 328)

〈그림 6-3〉 2016 촛불집회의 콘텐츠 네트워크 작동방식

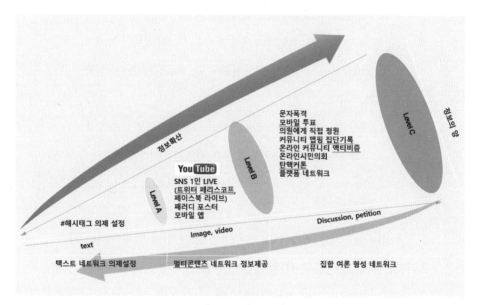

*출처: 조희정(2011: 328)

2. 미디어 구조와 정보의 속성 변화

1) 뉴스의 속성 변화

'과거 신문이나 TV를 통해 뉴스를 접하던 것처럼, 지금 우리는 소셜 미디어에서 온갖 종류의 새로운 정보를 얻는다. 다만 이러한 새로운 뉴스 유통 구조는 기본적으로 이용자들의 참여를 통해 유

지된다는 점이 다를 뿐이다.

　뉴스는 언론사 내부의 생산 과정에서 자격이 결정되는 게 아니라, 유통 과정에서 일반인들이 인정만 해주면 어떤 정보든 뉴스거리로 탈바꿈한다. 즉, 일반 이용자들이 뉴스의 최종 심판관 역할을 맡는 셈이다.

　이제 뉴스는 전문가가 정해놓은 어떤 객관적인 기준을 충족하는 것이라기보다는 나에게 관련성 높은 정보를 의미하게 되었다.'
　　　　　　　　　　　　　　— 한국언론학회 엮음(2012: 19-20)

이미 10년 전에 제기된 분석이고, 2022년 현재 상황에서는 자연스러워진 미디어 변화를 설명하는 분석이다. 여기에 초속보성을 특성으로 하는 소셜 미디어가 더해지면서 매스 미디어가 제공하는 뉴스와 정보의 특성이나 정보 유통 구조 자체가 크게 변화하게 되었다.

2) 플랫폼 만능주의의 우려

플랫폼은 관리구조(참여자 자격과 역할, 상호작용과 분쟁해결을 결정하는 일련의 규약으로 구성)와 실행지원 규약(혹은 표준, 연결, 공조, 협업 촉진을 위해 설계)의 집합을 의미한다. 뉴미디어와 매스 셀프 커뮤니케이션 양식은 이용자가 필요에 따라 자원에 접근하기 편하도록 지원하는 도구인 플랫폼이 활성화되면 더욱 확장된 생태계를 구성하게 된다.

플랫폼은 종합 플랫폼(거래를 촉진하고, 사용자들과 자원을 연결), 소셜 플랫폼(사회적 상호작용을 촉진하며, 개인과 공동체를 연결하는 네트워크를 조성), 동원 플랫폼(사람들이 명분이나 비전을 중심으로 함께 행동하도록 촉진, 공통된 목표를 달성하기 위해 관계를 조성), 학습 플랫폼(참가자들이 그들의 잠재력을 더 많이 이끌어내도록 함께 협업하면서 깊고 신뢰가 바탕이 된 관계 조성) 등으로 구분할 수도 있다.

그러나 이러한 플랫폼의 전문성과 장점은 플랫폼이라는 말의 유행과 함께 묻힌지 오래이다. 대부분 웹사이트 서비스에 지나지 않는 많은 서비스들이 저마다 플랫폼이라고 주장하기도 한다. 이곳저곳으로 움직이는 기차의 연결 지점과 같은 플랫폼으로서의 의미가 아니라 그저 많은 정보를 모아놓고 몇 개의 소셜 미디어에 링크만 걸어놓은 홈페이지 형태를 플랫폼이라고 우기는 것이다.

개인의 권한이 강해지고 소통성이 급속히 확대되는 시대에는 유기적인 플랫폼의 역할이 매우 절실하다. 시민 집회의 정보 생산과 전달은 바로 이러한 곳을 통해 진행되기 때문이다.

3) 가짜 정보 확산과 정부 규제

대만 해바라기운동 이후 2018년 7월부터 시민들은 가짜뉴스를 감시하는 타이완 팩트체크센터를 꾸렸다. 이 센터는 전세계 56개국 225명의 팩트체커가 가입된 국제팩트체킹연대(International Fact Checking Network, IFCN)에 57번째로 가입했다. [245]

2019년 블랙 혁명 기간 동안 트위터는 홍콩 시위대에 대한 허위

---

245) "타이완 시민사회가 타이완 팩트체크센터를 꾸린 이유." (시사인 2018. 11. 6.).

정보를 퍼트리는 중국 정부의 선전전에 연루된 것으로 의심되는 계정 약 20만 개를 적발하여 삭제했고 그 가운데 936개를 공개했다. 같은 날 페이스북도 중국 정부의 지원을 받고 활동하는 5개의 가짜 계정과 7개의 페이스북 페이지, 3개 그룹을 적발했다고 밝혔다. [246]

선스타인(Sunstein)은 반향실 효과(echo chamber)를 자신의 신념을 강화하는 온라인 자료에만 주의를 기울이는 경향이라고 정의하였는데 여기에서 파편화, 극단화, 혐오 문화, 가짜 뉴스 문제가 형성되었다. 아울러, 문제는 정보의 과부하가 아니라 필터링의 실패라는 비판도 제기되었다. [247]

시민 집회에서 사용되는 위키(wiki) 방식의 서비스는 누구나 참여하여 콘텐츠를 제공할 수 있기 때문에 가짜 정보가 쉽게 만들어질 수 있다. 유발 하라리(Yuval Noah Harari)는 이러한 현상에 대해 (수많은 정보 필터링 노력에도 불구하고) 탈진실(post truth)의 시대에 '어떤 가짜 뉴스는 영원히 남는다'고 경고한 바 있다.

이런 환경 속에서 정부나 기업의 일방적인 필터링과 검열 혹은 기술 알고리즘에 의한 필터링에 의존하지 않기 위해서는 집단지성의 필터링이 가장 효과적인 방법일 수 있는데, 아직까지 그런 획기적인 방법은 등장하지 않고 있다. [248]

한편, 정부의 일방적인 검열과 규제도 여전히 문제이다. 우산 운

---

246) "트위터, 홍콩 시위 관련 허위정보 퍼뜨린 中 계정 20만 개 삭제."(조선일보 2019. 8. 20.).

247) Hinssen(2010: 184).

248) 조희정(2019b: 65).

동과 블랙 혁명 당시 중국 정부는 인터넷 감시로 압박하였다. 소셜 미디어 프로필 사진을 우산으로 바꾸는 이용자를 감시하였으며, 'Hong Kong', 'barricades', 'Occupy Central', 'OccupyHongKong'에 이어 이전까지는 단속하지 않았던 단어인 'umbrella'도 차단했다.

2011년 아랍의 봄에서 민주화를 이끌었던 소셜 미디어가 2013년에는 테러 단체의 홍보 플랫폼으로 변화했다. 이스라엘 하이파대학의 가브리엘 와이먼은 인터넷 상에서 조직된 테러의 90%가 소셜 미디어에서 발생했다고 발표했다.[249] 즉, 테러조직들이 소셜 미디어를 이용하여 메시지는 전달하고, 구성원을 모집하며, 정보 수집의 수단으로 활용하고 있다는 것이다. 이는 소셜 미디어를 누가 활용하는가에 따라 반드시 민주화의 수단으로만 활용되는 것이 아니라는 것을 보여준다.

---

249) Weimann(2014).

제3절

시민 집회 문화의 해학적 특성

시민 집회에서 집단 참여보다 개인 참여가 활성화됨에 따라 새로운 집회 문화도 등장하고 있다. 웃음과 여유, 기이한 분장과 퍼포먼스 (performance)가 뒤섞여 축제인지 놀자는 것인지 알쏭달쏭한 문화가 형성되는 것이다. 비장한 정치 구호 일색이던 이전의 가두행진은 '한물간 트렌드'가 되고 요구사항이 이쪽 저쪽으로 분산되어 있거나 어떤 경우에는 딱히 무언가를 요구하는 것이 보이지 않는 경우도 나타났다.[250]

예를 들어 2016년 우리나라의 촛불 집회에서는 패러디와 앱 게임이 답답한 시민의 마음을 위로하는 문화적 유희의 도구로 작용하였다. '순실이 닭 키우기'[251], 음성인식 서비스 시리를 이용한 '순시리닷컴', '순

---

250) 이토 마사아키·김경화(2017: 6-7).

251) 주인이 닭에게 고소 고발, 펜 세우기, 연설문 수정, 물 뿌리기 등을 지시하면서 닭을 성장시키는 게임으로 1만 회 이상 다운로드되었다.

실이 빨리와'[252], 'Choi's GATE', '최순실게임', '촛불런－순실의 시대', '모이자! 분노하자! #내려와라 박근혜 시민촛불' 등의 게임을 통해 즐길 수 있을 뿐만 아니라 현재의 상황에 대한 대중의 인식 체계를 확인할 수 있었다.

데모테인먼트(demo+entertainmnet), 정치의 문화적 소비, 해학적 시민 집회 등의 현상은 정치를 더 이상 국가 영역에 국한시키거나 의회나 정당의 전유물로 할 수 없다는 정치 변동 가능성을 표출하는 것이기도 하다.[253]

---

252) 2016년 10월 28일에 공개돼 2일 만에 5000회 이상 다운로드되었다. 말을 탄 최순실 캐릭터를 조종해서 수갑 등 장애물을 피하는 게임으로서 평점 5점 만점에 4.9점을 얻을 정도로 인기였다.

253) 류석진 외(2005: 164-165).

DEMO
CRA
CY

결론 | **민주주의의 선택,**

시민이 결정하는 기술

시민 집회로 무엇이 바뀌었나

이 책의 제1장 제1절에서는 기존 시민 집회 분석이론의 변화경향을 다음과 같은 다섯 가지 특성으로 정리했다.

첫째, 시민 집회의 발생 원인은 이데올로기, 막연한 체제에 대한 불만 표출 수준에 머무는 것이 아니라 능동적인 판단과 정치적 목적에 대한 선택 때문에 나타난다.

둘째, 시민 집회에 참여하는 주체는 계급이나 세대로 설명하기 보다는 디지털 노마드나 다중의 특성을 갖고 있다.

셋째, 시민 집회가 진행되는 방법은 단순히 정보 제공 수준에 머무는 것이 아니라 정보 생산, 투표와 토론, 결집으로 다변화되고 있다.

넷째, 시민 집회에 대한 반응에 대해서도 정부와 정당의 반응 경직성을 해소할 수 있는 대안으로서 유연한 네트워크 정당이나 각종 청원과 투명성 요구가 높아지고 있다.

다섯째, 시민 집회의 효과로서, 시민 집회로 인해 실제 사회변화가 어떻게 진행되었는가를 판단하는 문제 역시 중요하다.

따라서, 거시적인 요인 분석 만큼 개개인의 활동 네트워크와 같은
미시적 분석도 중요하고, 능동적인 다중의 소통 방식과 내용에 대한 분
석이 중요하다고 강조했다.

전략	기술	의미
정보제공	SMS	축약형 실시간 정보전달
	홈페이지 블로그	정보제공, 게시판 토론, 이슈 생산
	1인 소셜라이브	모두의 대안 미디어, 자유로운 소재를 신속하게 전달, 보도의 민주성, 탐사 저널리즘
	해시태그 의제설정	계몽적 장문의 메시지가 아닌 감정(분노), 사건고발 단문 메시지 공유의 네트워크, 수평적 메시지 전파의 네트워크
	모바일 앱	개인 맞춤형 상호작용적(interactive) 정보제공
	소셜 미디어	멀티 콘텐츠 생산 및 링크, 동영상 콘텐츠 확산, 네트워크 연결 가속화, 국제 공조
자원 동원	커뮤니티 연결	온라인 커뮤니티 액티비즘, 약한 유대의 네트워크
	글로벌 연대	다국어 번역 서비스, 글로벌 활동 단체의 지원
	위키 문화	커뮤니티 맵핑, 해커톤
	아카이브 행동주의	정보 집적, 데이터 연대
	크라우드 동원	기술, 자금 동원, 오픈 소스
토론	의제선정토론	다양한 선호 방식 적용, 온라인 포럼
	의회 청원	대의 민주주의 보완재
	정책 참여	(만장일치가 아닌) 대략적인 다수의 합의, 상시적인 의견 수렴
결집	개방형 워킹 그룹	지도자 없는 수평 운동

그러한 관점으로 시민 집회에서 진행된 정보 제공, 자원 동원, 토론, 결집 현상에 미디어가 매개된 과정을 정리해보니 위 〈표〉와 같은 특징들이 나타났다. 물론 앞으로도 이와 같은 특징은 더욱 다변화될 수 있을 것이다.

제2절

그래도 남는 과제는 무엇인가

앞으로 좀 더 나은 신기술 기법이 나오더라도 문제는 역시 영역 '선택'이 중요하다. 그런 차원에서 새로운 유형의 시민 기술로서 —일방적이고 수직적인 느낌의 갈등 '관리'가 아니라— 개방적이고 수평적인 차원에서 '갈등 조정형 시민 기술'이 필요하다.

우리는 네트워크 사회의 장점과 단점을 모두 경험하고 있다. 장점의 확대와 함께 단점에 대한 대안을 고민해야 하고, 그러면서도 한편으로는 새롭고 다양한 기술을 시민 스스로 선택하여 기술을 매개로 한 민주주의 구현 가능성에 대해 고민할 필요가 있다.

정보가 (숨겨져 있거나) 없었던 시대에는 정보 제공이 중요했고, 공론장에 허덕거리던 시대에는 토론이 중요했고, 네트워크 개인이 부족했던 시대에는 결집이 중요했고, 크라우드라면 장땡이었던 시대에는 동원형 기술도 중요했겠지만 어느덧 21세기 첫 시즌 20년이 끝나고 다음의 20년에는 좀 더 역동적이고 적극적인 시민의견 수렴의 판으로 전환되어도 좋을 것 같고 응당 그래야 할 것이다. 그 안에는 시나리오, 백 캐스팅, 애자일 기술 등이 포함될 것이다.

갈등 조절 기술은 연계에서 시작될 수 있다. 즉, 형식적인 거버넌스가 아니라 정부(중앙정부, 지자체, 공공기관), 연구자, 활동가, 시민의 실질적인 연계가 반드시 이루어져야만 실제 현장에서 갈등 해소의 단초를 마련할 수 있다.

민주주의의 선택은
시민 기술이다

이 책은 2017년부터 구상하던 원고였다. 개인적으로는 『민주주의의 기술: 미국의 온라인 선거 운동』(2013)과 『민주주의의 전환: 온라인 선거 운동의 이론·사례·제도』(2017)에 이은 민주주의와 ICT 연구 3부작이라고 의미 부여한 책이기도 하다.

얼추 20여 년 동안 ICT와 정치가 나의 연구의 중요한 화두였다. 인터넷이 대중화되기 전 PC 통신부터 시작해 소위 랜선의 삶에 맛을 들이고 이게 연구인지 생활인지 모르는 삶에 쩔어 살면서 그렇게까지 매료되었던 이유는 단 하나였다. 랜선 공간에서 다양한 삶의 변화를 눈으로 볼 수 있었기 때문이다.

사회과학 연구자에게 '변화'만큼 매력적인 화두는 없다. (그런 상태가 있을리 없지만) 변화없는 사회 상태마저 변화라고 느낄 정도로 변화에 매료된다. 모든 변화는 원인이 있을 것이니 그 원인을 분석하면 되고, 모든 변화는 진행되는 것이니 그 과정을 분석하면 되며, 모든 변화는 결과가 있으니 그 효과를 분석하면 된다고 생각한다.

그러나 20여 년의 ICT와 정치에 대한 홀릭을 마감하고 이 책으로 마무리를 지어야겠다는 생각이 들었다. 그 이유는 얼추 세 가지이다.

첫 번째 이유는 2012년 국가정보원 댓글 개입사건 때문이다. 그 사건을 보면서 나의 연구 대상인 온라인 공간이 심각하게 오염되고 있다는 기분이 들었다. 물론 온라인 공간이라는 자체가 진공 상태, 순백의 청순한 공간은 아니지만 그래도 사람들이 (그나마) 자유롭게 표현의 자유를 누릴 수 있는 공간에 국가기관이 인위적으로 개입하는 것은 부당하다고 느꼈다.

물론 이게 본질적인 이유는 아니다. 좀 더 본질적인 두 번째 이유는 ICT가 연구 대상이 될 정도로 별개의 것으로 구분되지 않는 시대가 된 것 같다는 기분이 들기 시작해서이다. 즉, 우리는 온라인 공간이나 ICT를 숨 쉬듯이 익숙하게 누리는 시대에 살게 되었다. 뭐가 온라인이고 뭐가 오프라인인지 명료하게 구분되지 않을 뿐만 아니라 범위를 분명하게 규정하기 너무 어렵다. 연구 대상을 특정하지 않고 연구가 진행될 수 있을까 하는 기분에 연구 흥미와 의욕이 떨어져 버렸다.

세 번째 이유는 좀 웃픈 이유이긴 한데, 내 생각 속에서 나올 수 있는 말들을 그동안 출간한 책들을 통해 다 써 버려서 더 새로운 이야기를 쓸 수 있을 것 같지 않다. 한때는 '온라인 선거 운동 방법을 다 책에 썼는데 현실은 시궁창~' 이런 기분이 들기도 했다. 또 다른 한편으로는 '그래! 현실은 이론과 다르지. 내가 현장을 모르거나 현장 사람들이 이론을 모르거나 둘 중 하나일 수도 있겠군' 이런 기분도 들었다. 어쨌든 어떤 기자가 어떤 관련 사건이 터져서 내게 소위 전문가 논평을

물어보면 난 더 이상 새로운 말을 할 수 없을 것 같다. 이 주제에 관한 한 일종의 생산성 한계 같은 것을 느끼게 된 것 같다.

변명일 뿐인 구질구질한 이유들이고 지극히 개인적인 나만의 이유들일 뿐이지만 아무튼 이 책이 나의 ICT와 정치를 소재로 한 책 중엔 마무리에 해당하는 책이다.

이 책에 나와 있듯이 굳이 광장에 모이고, 굳이 정보를 만들고, 굳이 다른 사람에게 정보를 전파하고, 굳이 조직을 만드는 시민들은 자신의 목적을 달성하기 위해 적절한 기술을 '선택'한다.

나는 그 선택의 이유가 궁금했고, 선택한 기술을 이용하는 방식이 궁금했고, 그 방식을 통해 무엇을 달성했는가가 궁금했다. 그리고 그 모든 과정이 민주주의의 변화가 이루어지는 것이라고 생각해서 이 책의 제목을 『민주주의는 기술을 '선택'한다』라고 지었다. 풀어쓰면 '시민이 특정 기술을 선택하여 목적을 달성하는 과정 자체가 정치고 민주주의'라는 의미이다.

참고문헌

Abu-Samura, Haisam. 2011. 2. 3. "Expulsion and Explosion: How Leaving the Internet Fueled Our Revolution." Motherboard. Tv.

Anderson, Chris. 2014. *Long tail.* 이노무브 그룹 외 역. 2006. 『롱테일 경제학』. 서울 : 랜덤하우스 코리아.

Andretta, M. and Albertini, A. 2016. "Internet (&) Politics: Models of Democracy in the Five Stars Movement." Paper presented at the PSA Annual Conference, Brighton, 21-23 March 2016.

Atton, Chris, 2007. *An Alternative Internet: Radical Media, Politics and Creativity.* Edinburgh University Press. 민인철·반현 역. 2007. 『얼터너티브 인터넷: 래디컬 미디어, 정치성과 창조성』. 서울: 커뮤니케이션북스.

Anduiza, Eva. 2014. "Mobilization through online social networks: the political protest of the indignados in Spain." Information, Communication & Society 17(6): 750-764.

Auditore, Peter. 2011.3.15. "The Social Media Crescendo Effect." (http://stumbleupon.com, 검색일: 2011.3.16.)

Barabasi, Albert-Laszlo. 2002. *Linked: The New Science of Networks*. Perseus. Cambridge. MA. 강병남·김기훈 역. 2002.『링크: 21세기를 지배하는 네트워크 과학』. 서울: 동아시아.

Barry, L. 2016. "vTaiwan: Public Participation Methods on the Cyberpunk Frontier of Democracy." (http://civichall.org/civicist/vtaiwan-democracy-frontier. 검색일: 2017.1.20.)

Bartlett, J., Froio, C., Littler, M. & McDonnell, D. 2013. *New Political Actors in Europe: Beppe Grillo and the M5S*. London: Demos.

Benedikter, Thomas. 2018. *Pin potere ai cittadini?: Il fascino indiscreto della democrazia diretta*. 성연숙 역. 2019.『권력을 시민에게: 시민주권 시대, 직접민주주의를 말하다』. 서울: 다른백년.

Benkler, Yochai. 2007. *The Wealth of Networks: How Social Production Transforms Markets and Freedom*. Yale University Press.

Bennett, Lance and Toft, Amoshaun. 2009. "Identity, technology, and narratives: transnational activism and social network." in Chadwick, Andrew and Howard, Philip. eds., 2009. *Routledge Handbook of Internet Politics*. London and New York: Routledge: 246-260.

Bertrand de La Grange & Maite Rico. 1999. *Marcos, La Geniale Imposture*. Omnibus. 박정훈 역. 2003.『마르코스』. 서울: 휴머니스트.

Bhuiyan, Serajul. 2011. "Social Media and Its Effectiveness in the Political Reform Movement in Egypt." Middle East Media Educator 1(1): 14-20.

Bimber, Bruce. 2003. *Information and American Democracy:*

Technology in the Evolution of Political Power. Cambridge University Press. 이원태 역. 2007. 『인터넷 시대 정치권력의 변동: 미국 민주주의의 역사적 진화』. 서울: 삼인.

Bimber, Bruce 1998. "The Internet and Political Transformation: Populism, Community and Accelerated Pluralism." Polity 31(1).

Borge-Holthoefer, Javier, Sandra Gonzalez-Bailon, Alejandro Rivero & Yamir Moreno. "The Spanish "Indignados" Movement: Time Dynamics, Geographical Distribution, and Recruitment Mechanisms." (http://www.jbh.cat/pdf/onlinecollaction.pdf, 검색일: 2017.7.15.)

Botsman, Rachel & Roo Rogers. 2011. What's mine is yours. Harper Collins Publishers. 이은진 역. 2011. 『위 제너레이션』. 서울: 푸른숲.

Bourdieu, P. eds. 1986. The Forms of Capital. Greenwood.

Brian, Christopher Jones & Yen Tu Su. 2015. "Confrontational Contestation and Democratic Compromise: The Sunflower Movement and Its Aftermath." HeinOnline.

Brisson, Zack & Kate Krontiris. 2012. Tunisia: From Revolutions to Institutions. The World Bank.

Buechler, Steven. 1993. "Beyond Resource Mobilization? Emerging Trends in Social Movement Theory." Sociological Quarterly Vol. 34: 217-235.

Burns, Alex & Ben Eltham. 2009. "Twitter Free Iran: an Evaluation of Twitter's Role in Public Diplomacy and Information Operations in Iran's 2009 Election Crisis." In: Communications Policy & Research Forum 2009, 19th-20th November 2009, University of

Technology, Sydney.

Carenm Neal. 2011.10.24. *Occupy Online: Facebook and the Spread of Occupy WallStreet.*

Castells, Manuel. 2015. *Networks of Outrage and Hope: Social Movements in The Internet Age.* Polity Press. 김양욱 역. 2015. 『분노와 희망의 네트워크: 인터넷 시대의 사회운동』. 서울: 한울.

Castells, Manuel. 2004. *The Power of Identity(Second Edition, The Information Age: Economy, Society and Culture Vol. 2).* Blackwell. 정병순 역. 2008. 『정체성 권력』. 서울: 한울.

Castells, Manuel. 2001. *The Internet Galaxy: Reflection on the Internet, Business, and Society.* Oxford University Press. 박행웅 역. 2004. 『인터넷 갤럭시』. 서울: 한울.

Castells, Manuel. 2000. *The Rise of the Network Society(Second Edition, The Information Age: Economy, Society and Culture Vol. 1).* Blackwell. 김묵한·박행웅·오은주 역. 2003. 『네트워크 사회의 도래』. 서울: 한울.

Castells, Manuel. etc. 2007. *Mobile Communication and Society: A Global Perspective.* MIT Press. 김원용·성혜령 역. 2009. 『이동통신과 사회』. 서울: 커뮤니케이션북스.

Centola, Damon, Joshua Becker, Davon Barackbill & Andrea Baronchelli. 2018. "Experimental Evidence for Tipping Points in Social Convention." Science 360(6393): 1116-1119.

Chadwick, Andrew. 2006. *Internet Politics: States, Citizens, and New Communication Technologies.* New York & Oxford: Oxford University Press.

Chang, Robert, Sam Pimentel & Alexander Svistunov. "Sentiment Analysis of Occupy Wall Street Tweets."

Chen, Boyu, Da-chi Liao, Hsin-Che Wu & San-Yih Hwan. "The Logic of Communitive Action: A Case Study of Taiwan's Sunflower Movement."

Chen, Yung-ting. 2015. "Developing Digital Reference Service Around Civic Movements: A Case Study of the Sunflower Student Movement in Taiwan."

Chowdhury, Mridul. 2008.9. The Role of the Internet in Burma's Saffron Revolution. The Berkman Center for Internet & Society at Harvard University.

Chu, Donna SC. 2018. "Media Use and Protest Mobilization: A Case Study of Umbrella Movement Within Hong Kong Schools." Social Media + Society 1-3: 1-11.

Chwe, Michael S. 2001. *Rational Ritual: Culture, Coordination, and Common Knowledge.* Princeton University Press. 허석재 역. 2014. 『사람들은 어떻게 광장에 모이는 것일까: 게임이론으로 본 조정문제와 공유 지식』. 서울: 후마니타스.

Civic Hall. "vTaiwan: Public Participation Methods on the Cyberpunk Frontier of Democracy."

Cleaver, H. 1998. "The Zapatista Effect: The Internet and the Rise of an Alternative Political Fabric." Journal of International Affairs 51(2): 621-640.

Cockburn, Patrick. 2016.1.8. "The Arab Spring, five years on: A season that began in hope, but ended in desolation." Independent.

Coldeway, Devin. 2011.2.11. "People, Not Things, Are the Tools of Revolution." http://techcrunch.com

Coleman, J, S. 1988. "Social Capital in the Creation of Human Capital." American Journal of Sociology Vol.94: 94-121.

Coleman, J, S. 1990. *Foundations of Social Theory.* Harvard University Press.

Confield, Michael. 2003. *Politics Moves Online.* US: The Century Foundation, INC.

Cottle, Simon. 2011. "Media and Arab uprisings of 2011." Journalism 12(5): 647-659.

Crawshaw, Steve. 2017. *Street Spirit: The Power of Protests and Mischief.* O'Mara Books. 문혜림 역. 2018.『거리민주주의: 시위와 조롱의 힘』. 서울: 산지니.

Cross, Kevin. 2010. "Why Iran's Green Movement Faltered: The Limits of Information Technology in a Rentier State." SAIS Review of International Affairs 30(2): 169-187.

Curran, James, Natalie Fenton & Des Freedman. 2016. *Misunderstanding the Internet.* Routledge. 김예란·박성우 역. 2017.『인터넷, 신화를 넘어 공공성으로』. 서울: 컬처북.

Dabashi, Hamid. 2011. *The Green Movement in Iran.* Transaction Publishers.

Diamond, Larry & Marc F. Plattner. eds. 2012. *Liberation Technology: Social media and the struggle for democracy.* Johns Hopkins University Press. 반현·노보경 역. 2012.『소셜 미디어, 자유화 기술』. 서울: 커뮤니케이션북스.

Dougherty, Dale & Ariane Conrad. 2016. *Free to Make: How the Maker Movement is Changing Our Schools, Our Jobs, and Our Minds*. North Atlantic Books. 이현경 역. 2018. 『우리는 모두 메이커다: 메이커의 역사와 미래, 그리고 무한한 가능성』. 서울: 인사이트.

Dunbar, R. I. M. 1992. "Neocortex Size as a Constraint on Group Size in Primates." Journal of Human Evolution 22(6): 469-493.

Easley, D. and Kleinberg, J. 2010. *Networks, Crowds, and Markets: Reasoning about a Highly Connected World*. Cambridge: Cambridge University Press.

Ebery, Don. 2008. *The Rise of the Global Civil Society*. New York: Encounter Books.

Eiji, Oguma(小熊英二). 2012. *Shakai Wo Kaeruniwa*. KODANSHA. 전형배 역. 2014. 『사회를 바꾸려면』. 서울: 동아시아.

Elson, Sara Beth, Douglas Yeung, Parisa Roshan, S. R. Bohandy & Alireza Nader. 2012. Using Social Media to Gauge Iranian Public Opinion and Mood After the 2009 Election. RAND.

Evans, Mark. 2011.1.31. "Egyptian Crisis: The Revolution will not be tweeted." http://blog.sysomos.com

Fisk, Robert & Patrick Cockburn. 2017. *Arab Spring Then and Now: From Hope to Despair(History As It Happened)*. Independent Print Limited.

Fouser, Robert J. 2016. 『미래 시민의 조건: 한국인이 알아야 할 민주주의 사용법』. 서울: 세종서적.

Freeman, J. D. 1983. *Social Movements of Sixties and Seventies*. London: Longman.

Fukuda, Madoka. 2014.5.22. "Japan-China-Taiwan Relations After Taiwan's Sunflower Movement." Asia Pacific Bulletin No. 264.

Gaudin, Sharon. 2011.3. "이집트 무바라크 퇴진과 소셜 네트워크의 역할." IDG World Tech. Update. 5-6.

Ghannam, Jeffrey. 2011.2.3. Social Media in the Arab World: Leading up to the Uprisings of 2011. Center for International Media Assistance.

Ghonim, Wael. 2012. *Revolution 2.0*. Inkwell Management, LLC. 이경식 역. 2012. 『레볼루션 2.0』. 서울: RHK.

Gladwell, Malcolm. 2010. "Why the revolution will not be tweeted." New Yorker, 4 October.

Gladwell, Malcolm. 2010.10.4. "Small Change: Why the revolution will not betweet(ed)." The New Yorker.

Gnarr, Jon. 2014. *Horen Sie gut zu und wiedreholen Sie: Wie ich einmal Burgermeister wurde und die Welt veranderte*. Tropen. 김영옥 역. 2016. 『새로운 정치실험 아이슬란드를 구하라』. 서울: 새로운 발견.

Goldfarb, Jeffrey C. 2006. *The Politics of Small Things: The Power of the Powerless in Dark Times*. University Of Chicago Press. 이충훈 역. 2011. 『작은 것의 정치』. 서울: 후마니타스.

Goldstein, Joshua. 2007.12. *The Role of Digital Networked Technologies in the Ukrainian Orange Revolution*. Berkman Center for Internet & Society at Harvard University.

Golkar, Saeid. 2011. "Liberation or suppression technologies? The Internet, the Green Movement and the regime in Iran."

International Journal of Emerging Technologies and Society 9(1): 50-70.

Gamson, W. A. 1975. *The Strategy of Social Protest.* Homewood: Dorsey Press.

Granovetter, M. 1973. "The Strength of Weak Ties." American Journal of Sociology 78(6): 1360-1380.

Gurr, Ted Robert. 1971. Why Men Rebel. Princeton University Press.

Hausler, Martin. 2011. *Die Piratenpartei: Freiheit, die wir meinen — Neue Gesichter fur die Politik.* Scorpio Verlag. 장혜경 역. 2012. 『해적당: 정치의 새로운 혁명』. 서울: 로도스.

Heimans, Jeremy & Henry Timms. 2018. *New Power: How Power Works in Our Hyperconnected World-and How to Make It Work for You.* Doubleday. 홍지수 역. 2019. 『뉴파워: 새로운 권력의 탄생』. 서울: 비즈니스북스.

Hill, Kevin A. and Hughes, John E. 1998. *Cyberpolitics: Citizen Activism in the Age of the Internet.* Boston: Rowman & Littlefield Publishers, Inc.

Hinssen, Peter. 2010. *Digitaal is het nieuwe normaal.* Uitgeverij Lannoo nv. 이영진 역. 2014. 『뉴 노멀: 디지털 혁명 제2막의 시작』. 서울: 흐름출판.

Hopkins, Curt. 2011.2.15. "Protesters use Google Moderator to Brain Storm Egypt's Future." ReadWriteWeb.

Jackson, Sarah J, Moya Bailey, Brooke Foucault Welles. 2020. *Hashtag Activism: Networks of Race and Gender Justice.* MIT Press.

Jenkins, J. C. 1983. "Resource mobilization theory and the study of social movements." Annual Review of Sociology Vol. 9: 527-553.

Jong woo, Han. 2012. *Networked Information Technologies, Elections and Politics: Korean and the United States.* Lexington Books. 전미영 역. 2012. 『소셜 정치혁명 세대의 탄생: 네트워크 세대는 어떻게 21세기 정치의 킹메이커가 되는가』. 서울: 부키.

Jonsson, M. 2015. *Democratic Innovations in Deliberative Systems: The Case of the Estonian Citizens'Assembly Process.* Journal of Public Deliberation 11(1).

Kelly, John & Bruce Etling. 2008. 4. *Mapping Iran's Online Public: Politics and Culture in the Persian Blogosphere.* The Berkman Center for Internet & Society at Harvard University.

Khonsari, Kaveh Ketabchi, Zahra Amin Nayeri, Ali Fathalian, Leila Fathalian. 2010. "Social Network Analysis of Iran's Green Movement Opposition Groups Using Twitter." Advances in Social Networks Analysis and Mining(ASONAM), 2010 International Conference.

Kimberly, B. & M. A. Kern. 2001. "Bridging and Bonding Capital in an Online Public Sphere."

King, Gary. Robert Keohane & Sidney Verba. 1994. *Designing Social Inquiry: Scientific Inference in Qualitative Research.* Princeton: Princeton University Press.

Kingsnorth, Paul. 2003. "사파티스타 농민운동 :자치를 위한 투쟁." 『녹색평론』 Vol. 71: 128-144.

Klandermans, Bert. 1992. "The Social Construction of Protest and Miltiorganizational Fields." in Morris, A. D. · Mueller, C. M. 1992, Frontier in Social Movement Theory. New Haven: Yale University

Press.

Klandermans, Bert. 1989. "Grievance Interpretation and Success Expectations: The Social Construction of Protest." Social Behavior Vol. 4: 113-125.

Kurzman, Charles. 2012. "The Arab Spring: Ideals of the Iranian Green Movement, Methods of the Iranian Revolution." International Journal of Meddle East Studies 44(1): 162-165.

Lackaff, D. & G. Griimsson. 2011. 10. "Shadow Governments: An Icelandic Experiment in Participatory Governance and Social Change." Paper presented at the annual conference of the International Studies Association-South. Elon University. USA.

Lancaster, Lynne. C & David Stillman. 2010. *Millennial Generation.* HarperCollins Publishers. 양유신 역. 2010. 『밀레니얼 제너레이션: 향후 20년간 기업과 사회를 지배할 새로운 인류에 대한 분석』. 서울: 더숲.

Laskai, Lorand C. 2014. 5. 5. "The Transformation of Taiwan's Sunflower Movement: Nearly a month after it began, the movement has evolved in some interesting ways." The Diplomat 5 (http://thediplomat.com/2014/05/the-transformation-of-taiwans-sunflower-movement, 검색일: 2016. 5. 15.)

Leadbeater, Charles. 2008. *We-think: Mass Innovation, not Mass Production.* Profile Books. 이순희 역. 2009. 『집단지성이란 무엇인가』. 서울: 21세기북스.

Lee, Pei-shan. 2014. "In the Wake of the Sunflower Movement: Exploring the Political Consequences of Cross-Strait Integration."

Paper is prepared for presentation at the conference on "The Politics of Polarization: Taiwan in Comparative Perspective," organized by the Center on Democracy, Development, and the Rule of Law at Stanford University, October 17-18, 2014.

Lewis, Elisa & Romain Sltine. 2016. *Le Coup D'Etat Citoyen*. Paris: La Decouverte. 임상훈 역. 2017. 『시민 쿠데타: 우리가 뽑은 대표는 왜 늘 우리를 배신하는가』. 서울: 아르떼.

Lim, Hyun Chin and Kong, Suk Ki. 2005. "The Dynamics of Empowering Local Activism through Transnational Mobilization in Korea: Environment and Human Rights Movements in Comparative Perspective." 『한국정치학회보』 39(4): 73-94.

Lin, N. 2001. *Social Capital: A Theory of Social Structure and Action*. Cambridge University Press. 김동윤·오소현 역. 2008. 『사회자본』. 서울: 커뮤니케이션북스.

Liu, Eric. 2017. *You've More Powerful Than You Think: A Citizen's Guide to Making Change Happen*. PublicAffairs. 구세희 역. 2017. 『시민권력: 세상을 변화시키는 99%의 힘』. 서울: 저스트북스.

Liu, Li Yin. 2014. "Individuals'Cultural Biases and Their Reaction on the Cross-Strait Issues: A Case Study on the Sunflower Movement in Taiwan." Paper Prepared for the Annual Conference of the American Association for Chinese Studies Washington DC, October 11, 2014.

Lopez, Miguel A. Martinez & Elena Domingo San Juan. 2014. "Social and political impacts of the 15M Movement in Spain." (http://www.miguelangelmartinez.net/IMG/pdf/M15_impacts_v

3_0_April_2014.pdf, 검색일: 2016.3.10.)

MaCaughey, Martha and Ayers, Michael D. 2003. *Cyberactivism: Online Activism in Theory and Practice.* New York: Routledge.

MacCarthy, John and Zald, Meyer. 1973. *The Trend of Social Movements in America: Professionalization and Resource Mobilization.* Morristown, NJ: General Learning Co.

Mannheim, Karl. 1928. *Das Problem der Generationen.* Kolner Vierreljahshefte fur Soziologie. 이남석 역. 2013. 『세대 문제』. 서울: 책세상.

Mason, Paul. 2012. *Why It's Kicking Off Everywhere: The New Global Revolutions.* Aitken Alexander Associates Limited. 이지선·심혜리 역. 『혁명을 리트윗하라: 아랍에서 유럽까지, 새로운 시민 혁명의 현장을 찾아서』. 서울: 명랑한 지성.

McAdam, Doug. 1998. "Micromobilization Context and Recruitment to Activism," in B. Klandermans, B. H. Kriesi, & Tarrow eds. 1998. International Social Movement Research Vol. 1. Greenwitch, Connecticut: Jai Press.

McAdam D, Diani M, eds. 2003. *Social Movements and Networks: Relational Approaches to Collective Action.* Oxford University Press.

McCombs, M. 1972. "The Agenda Setting Function of Mass Media." Public Opinion Quarterly Vol. 36: 176-187.

Mejias, Ulises. 2011.1.30. "The Twitter Revolution, Must Die." (http://blog.ulisesmejias.com)

Melucci, A. 1996. *Challenging Codes: Collective Action in the*

Information Age. Cambridge University Press.

Melucci, Alberto. 1994. "A Strange Kind of Newness: What's 'new' in New Social Movements." in Larana, E. · Johnson, H, · Gusfield, J. R. eds. 1994. New Social Movements: From Identity to Ideology. Philadelphia: Temple University Press: 101-130.

Mena, Jose Candon & Diana Redondo Escobar. "The Internet in the social mobilization: the conquest of the public sphere." (http://www.oefg.at/wp-content/uploads/2014/08/candon_redondo.pdf, 검색일: 2016.2.5.)

Merrifield, A. 2011. "Crowd politics, or, 'here comes everybuddy'." New Left Review 71(5): 103-114.

Metzger, M., Bonneau, R., Nagler, J., & Tucker, J.A. 2016. "Tweeting Identity? Ukrainian, Russian and #EuroMaidan." Journal of Comparative Economics, 44(1): 16-40.

Mico, Josep-Lluis & Andreu Casero-Ripolles. 2013. "Political activism online: organization and media relations in the case of 15M in Spain." Information, Communication & Society 17(7): 858-871.

Ming-sho Ho. 2015. "Occupy Congress in Taiwan: Political Opportunity, Threat, and the Sunflower Movement." Journal of East Asian Studies Vol. 15: 69-97.

Monterde, Arnau. 2015. "Multitudinous identities: a qualitative and network analysis of the 15M collective identity." Information, Communication & Society 18(8): 930-950.

Montiel, Cristina Jayme. 2006. "Revolutionary Text: Social Psychology of Cellphone Texting during People Power II." Philippine Journal

39(2): 105-123.

Morell, Mayo Fuster. 2012. "The Free Culture and 15M Movements in Spain: Composition, Social Networks and Synergies." Social Movement Studies Vol. 11: 386-392.

Morozov, Evgeny. 2011. *The Net Delusion: The Dark Side of Internet Freedom*. Public Affairs.

Morozov, Evgeny. 2011. 2. 19. "Smart Dictators Don't Quash the Internet." The WallStreet Journal.

Naghibi, Nima. 2011. "Diasporic Disclosures: Social Networking, Neda, and the 2009 Iranian Presidential Elections." Biography 34(1): 56-69.

Olson, Mancur. 1971. *The Logic of Collective Action*. Cambridge: Harvard University Press.

Palfrey, John. 2008. Born Digital: *Understanding the First Generation of Digital Natives*. Basic Books. 송연석·최완규 역. 2010. 『그들이 위험하다: 왜 하버드는 디지털 세대를 걱정하는가?』. 서울: 갤리온.

Pena-Lopez. I, Congosto, M. & Aragon, P. 2014. "Spanish Indignados and the evolution of the 15M movement on Twitter: towards networked para-institutions." Journal of Spanish Cultural Studies 15(1-2): 189-216.

Perugorria,Ignacia & Benjamin Tejerina. 2013. "Politics of the encounter: Cognition, emotions, and networks in the Spanish 15M." Current Sociology 61(4).

Postill, John. 2013. "Democracy in an age of viral reality: A media epidemiography of Spain's indignados movement." Ethnography.

Putnam, Robert D. 1994. *Making Democracy Work: Civic Traditions in Modern Italy*. Princeton University Press. 안청시 외 역. 2000. 『사회적 자본과 민주주의』. 서울: 박영사.

Putnam, Robert D. 1995. "Bowling Alone: America's Declining Social Capital." Larry Diamond & Marc F. Plattner, eds. The Global Resurgence of Democracy. Baltimore and London: The Johns Hopkins University Press: 290-303.

Putnam, Robert D. 2000. *BOWLING ALONE: The Collapse and Revival of American Community*. Simon & Schuster. 정승현 역. 2009. 『나홀로 볼링: 사회적 커뮤니티의 붕괴와 소생』. 페이퍼로드.

Rahaghi, John. 2012. "New Tools, Old Goals: Comparing the Role of Technology in the 1979 Iranian Revolution and the 2009 Green Movement." Journal of Information Policy 2: 151-182.

Rahimi, Babak. 2011. "The Agonistic Social Media: Cyberspace in the Formation of Dissent and Consolidation of State Power in Postelection Iran." The Communication Review 14(3): 158-178.

Rainie, Lee & Barry Wellman. 2012. *Networked: The New Social Operating Systems*. MIT Press. 김수정 역. 2015. 『새로운 사회운영 시스템: 네트워크화된 개인주의가 지배하는 디지털 세상의 현재와 미래』. 서울: 에이콘.

Reynolds, Glenn. 2006. *An Army of David*. Thomas Nelson, Inc. 곽미경 역. 2008. 『다윗의 군대, 세상을 정복하다: 인터넷 시대의 유쾌한 반란, 세상을 바꾸는 '개인의 힘'』. 서울: 북캠프.

Rheingold, Howard. 2002. *Smart Mobs: The Next Social Revolution*. Golden bough. 이운경 역. 2003. 『참여군중: 휴대폰과 인터넷으로 무

장한 새로운 군중』. 서울: 황금가지.

Rhoads, Christopher. 2011. 2. 12. "Technology, Poses Big Test for Regimes." The WallStreet Journal.

Romberg, Alan D. "Sunshine Heats Up Taiwan Politics, After PRC Tactics."

Rowen, Ian. 2015. "Inside Taiwan's Sunflower Movement: Twenty-Four Days in a Student Occupied Parliament, and the Future of the Region." The Journal of Asian Studies 74(1): 5-21.

Rucht, D. 2004. "The quadruple' A: Media strategies of protest movements since the 1960s." in van de Donk, Wim and Loader, Brain, Nixon, Paul, and Rucht, Diter. eds. 2004. Cyberprotest: New Media, Citizens and Social Movements. London and New York: Routledge.

Shah, Nishant, Puthiya Purayil Sneha & Sumandro Chattapadhyay. 2011. *Digital Activism in Asia Reader.* meson press.

Shapiro, Samantha, M. 2009. 1. 25. "Revolution, Facebook-style." The NewYork Times.

Shirky, Clay. 2011. "The Political Power of Social Media: Technology, the Public Sphere, and Political Change." Foreign Affairs 90(1): 28-41.

Shirky, Clay. 2010. *Cognitive Surplus.* Brockman Inc. 이충호 역. 2011. 『많아지면 달라진다』. 서울: 갤리온.

Shirky, Clay. 2009. 6. "어떻게 소셜 미디어는 역사를 만들어내는가" (http://www.ted.com/talks/lang/kor/clay_shirky_how_cellphones_twitter_facebook_can_make_history.html)

Shirky, Clay. 2008. *Here Comes Everybody*. Brockman. 송연석 역. 2008. 『끌리고 쏠리고 들끓다』. 서울: 갤리온.

Siegel, A., Bonneau, R., Jost, J.T., Nagler, J. & Tucker, J. 2014. "Tweeting Beyond Tahrir: Ideological Diversity and Political Tolerance in Egyptian Twitter Networks." SMaPP.

Simon, Julie, Theo Bass, Victoria Boelman & Geoff Mulgan. 2017. 2. *Digital Democracy: The Tools transforming political engagement*. London: NESTA.

Skinner, Julia. 2011. "Social Media and Revolution: The Arab Spring and the Occupy Movement as Seen through Three Information Studies Paradigms." Sprouts: Working Papers on Information Systems, 11(169). http://sprouts.aisnet.org/11-169

Skurtu, Andrei. 2009. Role Of ICT In Revolutionary Movements Of The Former Soviet Union, And Why There Are No Roses, Oranges, Or Tulips, In Russia. All Theses and Dissertations(ETDs). 443.

Sunstein, Cass. 2007. *Republic.com 2.0*. Princeton University Press.

Tang Audrey. 2020. *Audrey Tang Digital to AI no Mirai wo Kataru*. President Inc. 안선주 역. 2021. 『디지털을 말하다』. 서울: 프리렉.

Tapscott, Don. 2008. *Grown Up Digital: How the Net Generation Is Changing Your World*. New York: McGraw-Hill.

Tapscott, Don & Alex Tapscott. 2016. *Blockchain Revolution: How the Technology Behind Bitcoin is Changing Money, Business, and the World*. Portfolio. 박지훈 역. 2017. 『블록체인혁명: 제4차 산업혁명시대, 인공지능을 뛰어넘는 거대한 기술』. 서울: 을유문화사.

Tarrow, Sidney. 2005. *The New Transnational Activism*. New York:

Cambridge University Press.

Tarrow, Sidney. 2002. "The New Transnational Contention: Organizations, Coalitions, Mechanisms." Paper presented at the APSA annual meeting. Boston.

Tsatsou, Panayiota & Yupei Zhao. 2016. "A"Two-Level Social Capital Analysis" of the Role of Online Communication in Civic Activism: Lessons From the Role of Facebook in the Sunflower Movement." Social Media + Society.

Tilly, Charles. 1978. *From Mobilization to Revolution*. Addison-Wesley. 진덕규 역. 1995. 『동원에서 혁명으로』. 서울: 학문과 사상사.

Ting, Tin-Yuet. 2019. "Everyday Networked Activism in Hong Kong's Umbrella Movement: Expanding on Contemporary Practice Theory to Understand Activist Digital Media Usages." International Journal of Communication Vol. 13: 3250-3269.

Trippi, Joe. 2004. *The Revolution will not be televised: Democracy, the Internet, and the Overthrow of Everything*. Harper Collins Publishers. 윤영미·김정수 역. 2006. 『혁명은 TV로 중계되지 않는다』. 서울: 산해.

Tusa, Felix. 2013. "How Social Media Can Shape a Protest Movement: The Cases of Egypt in 2011 and Iran in 2009." Arab Media and Society 17: 1-19.

Vegh, Sandor. 2003. "Classifying Forms of Online Activism: The Case of Cyberprotests against the World Bank." in MaCaughey, Martha·Ayers, Michael. eds., 2003. Cyberactivism: Online Activism in Theory and Practice. New York: Routledge.

Watters, Audrey. 2011.1.13. "HyperCities Maps and Archives the Tweets from Cairo Jan. 25." ReadWriteWeb.

Weimann, Gabriel. 2014. *New Terrorism and New Media*. Wilson Center.

Whiteside, Amy. 2014. *Revolutions, New Technologies, Social Change: How has the Internet Influenced Recent Revolutions?*. Degree of Master of Arts in Global Security Studies, Johns Hopkins University.

Wright, David Curtis. 2014. "Chasing Sunflowers: Personal Firsthand Observations of the Student Occupation of the Legislative Yuan and Popular Protests in Taiwan, 18 March - 10 April 2014." Journal of Military and Strategic Studies 15(4): 134-200.

Zuckerman, Ethan. 2011.1.14. "The First Twitter Revolution?," Foreign Policy.

Zuckerman, Ethan. 2011.2.9. "Tunisia, Egypt, Garbon? Our Responsibility to Witness." http://www.ethanzuckerman.com

강성률. 2008. "왜 디지털 세대에게 시위는 놀이인가." 『민족21』 7월호: 152-153.

강수택·박재홍. 2011. "한국사회운동의 변화와 탈물질주의." 『OUGHTOPIA』 26(3) : 5-37.

강승한·김명준. 2012. "네트워크 사회 미디어 플랫폼의 진화와 사회참여: Occupy Wall Street에서 나타난 '협력적 미디어 문화생산'과 사회운동 참여방식." 『한국언론학회 학술대회 발표논문집』 : 5-6.

강원택. 2008. 『web 2.0 시대의 한국 정치』. 서울: 책세상.

강원택. 2007. 『인터넷과 한국 정치 : 정당정치에 대한 도전과 변화』. 서울:

집문당.

강용진. 2008. "직접행동과 숙의민주주의: '촛불 집회' 사례연구." 『대한정치
학회보』 16(2): 233-254.

강윤재. 2011. "광우병 위험과 촛불 집회: 과학적인가 정치적인가." 『정치와
사회』 Vol. 89: 269-297.

강지웅. 2008. "촛불 켜는 블로그, 옮겨 붙이는 포털: 블로그스피어와 포털
의 상호작용." 『한국사회학대회논문집』: 834-848.

강진숙·장지훈·최종민. 2009. "2008 촛불 집회 참여 경험에 대한 현상학적
연구: 대학생 참여자 및 1인 미디어 이용자를 중심으로." 『한국방송학
보』 23(4): 7-48.

경향닷컴 촛불팀 편. 2008. 『촛불, 그 65일의 기록』. 서울: 경향신문사.

고경민·송효진. 2010. "인터넷 항의와 정치참여, 그리고 민주적 함의: 2008
년 촛불시위 사례." 『민주주의와 인권』 10(3): 233-269.

고병권. 2012. 『점거, 새로운 거번먼트: 월스트리트 점거운동 르포르타주』.
서울: 그린비출판사.

고종원·이한우·최규민. 2009. 『촛불에 길을 잃다』. 서울: 나남.

공석기. 2003. "한국 환경운동의 초국적 동원과정의 동학: 리우에서 요하네
스버그까지." 『환경사회학 연구 ECO』 Vol. 4: 8-45.

김경미. 2006a. "인터넷이 집합행동 참여에 미치는 영향: 2002 여중생 추모
촛불 집회를 중심으로." 『한국사회학』 40(1): 183-211.

김경미. 2006b. "온라인에서의 집합행동에 관한 합의동원: 2002 여중생 촛
불 집회를 중심으로." 『경제와사회』 9월호: 154-178.

김규찬, 2006. 『인터넷 마녀사냥의 전개과정과 그 함의: 2005년 '개똥녀' 사
건을 중심으로』. 서울대 대학원 석사학위논문.

김상배. 2008. "정보기술의 발달에 따른 정치사회변동: 인터넷과 촛불 집회."

『지식의 지평』Vol. 5: 75-94.

김서중. 2008. "촛불시위와 미디어."『진보평론』8월호: 144-158.

김성태·이영환. 2006. "인터넷을 통한 새로운 의제설정 모델의 적용: 의제파급력과 역 의제설정을 중심으로."『한국언론학보』50(3): 175-204.

김수지. 2017. "뉴스 빅데이터로 보는 주요 이슈: 촛불 집회의 어제와 오늘."『신문과 방송』1월호: 109-111.

김영미·유영철. 2011. "사회 네트워크를 통한 참여 결정과 권유경로에 관한연구: 촛불 집회 사례에서의 참여결정·권유 매체에 대한 경로분석을 중심으로."『한국행정학회 학술대회 발표논문집』: 422-442.

김왕배. 2017. "언어, 감정, 집합행동: 탄핵반대 '태극기' 집회의 사례를 중심으로."『문화와사회』Vol. 25: 7-59.

김용철. 2008a. "정보화시대의 사회운동: 온라인 사회운동의 유형과 특징."『사이버커뮤니케이션학보』25(1): 7-42.

김용철. 2008b. "촛불시위의 배후: 온라인과 오프라인의 만남."『한국국제정치학회 학술대회 발표논문집』: 7-29.

김은규. 2005a. "미디어와 사회운동 : 사파티스타(Zapatasta) 운동의 커뮤니케이션 전략에 대한 재구성."『정치커뮤니케이션연구』Vol. 2: 33-65.

김은규. 2005b. "초국적 사회운동과 인터넷 네트워크의 역할에 대한 연구: 독립미디어센터(IMC) 네트워크의 구조 및 운영원리 방식을 중심으로."『한국언론학보』49(5): 254-282.

김은미·이동후·임영호·정일권. 2011.『SNS 혁명의 신화와 실제: '토크, 플레이, 러브'의 진화』. 서울: 나남.

김은미·이주현. 2011. "뉴스 미디어로서의 트위터: 뉴스 의제와 뉴스에 대한 대화를 중심으로."『한국언론학보』55(6): 152-180.

김종영. 2011. "대항지식의 구성: 미 쇠고기 수입반대 촛불운동에서의 전문가들의 혼성적 연대와 대항논리의 형성." 『한국사회학』 45(1): 109-152.

김철규·김선업·이철. 2008. "미국산 쇠고기 수입반대 촛불 집회 참여 10대의 사회적 특성." 『경제와 사회』 Vol. 80: 40-67.

김태수. 2007. "집단 행동의 사회학: 자원동원모델의 성과, 한계 및 성과." 『시민사회와 NGO』 5(1): 143-175.

나명수·김수진. 2008. "인터넷 광장에서 타오르는 촛불 이야기: 아고라와 82cook 네티즌이 말하다." 『창작과비평』 36(3): 94-107.

나은영·차유리. 2012. "인터넷 집단극화를 결정하는 요인들: 공론장 익명성과 네트워크 군중성 및 개인적, 문화적 요인을 중심으로." 『한국심리학회지: 사회 및 성격』 26(1): 103-121.

류석진·이현우·이원태. 2005. "인터넷의 정치적 이용과 정치참여: 제17대 총선에서 대학생 집단의 매체 이용과 투표참여를 중심으로." 『국가전략』 11(3): 141-169.

류석진·조희정. 2018. 7. 24. "Network Movement and Democracy: with a focus on 2016-17 Candlelight Demonstration in Korea." International Political Science Association 25th World Congress of Political Science, Brisbane, Australia 발표문.

마사아키, 이토·김경화. 2018. 『21세기 데모론: 변화를 이끄는 즐겁고 유쾌한 저항의 미디어(Demonstrations in the 21st Century: Media, Festival and Social Change)』. 서울: 눌민.

박래군. 2008. "촛불항쟁의 지향, 직접민주주의." 『내일을 여는 역사』 Vol. 33: 100-110.

박선미. 2009. "그람시의 유기적 지식인과 정당 기능의 재해석: 2008 촛불 집회 관련 온라인 미디어 담론 분석." 『사이버커뮤니케이션학보』 26(4): 51-93.

박영균. 2009. "촛불 논쟁과 사이버스페이스, 그리고 사이버아고라의 가능성." 『시대와 철학』 20(4): 127-160.

박창문. 2011. "한국형 디지털 집합행동의 특성과 변화 양상: 2002년과 2008년 촛불 집회를 중심으로." 『동북아연구』 Vol. 16: 247-273.

박형신. 2018. "집합행위와 감정: 집합적 분노는 언제 왜 폭력적으로 표출되는가." 『정신문화연구』 41(2): 161-195.

박형신. 2010. "먹거리 불안·파동의 발생 메커니즘과 감정동학." 『정신문화연구』 33(2): 161-192.

박형신·이진희. 2008. "먹거리, 감정, 가족동원: 미국산 쇠고기 수입반대 촛불 집회의 경우." 『사회와 이론』 Vol. 13: 147-183.

박형신·정수남. 2015. 『감정은 사회를 어떻게 움직이는가』. 서울: 한길사.

배규한·이창호. 2009. 『청소년의 세대특성 및 세대간 소통방식에 관한 연구: 2008년 촛불 집회를 중심으로』. 서울: 한국청소년정책연구원.

백욱인. 2012. "모바일 소셜 네트워크서비스와 사회운동의 변화." 『동향과 전망』 Vol. 84: 130-157.

백욱인. 2008. "촛불시위와 대중: 정보사회의 대중형성에 관하여." 『동향과 전망』 Vol. 10: 159-188.

백욱인. 2001. "네트와 사회운동." (홍성욱·백욱인 엮음. 2001. 『2001 사이버스페이스 오디세이』. 서울: 창작과비평사. 48-68.)

서광민. 2008. "미국산 쇠고기 수입반대 촛불시위는 새로운 형태의 사회운동인가: 2008년 촛불시위의 특징과 그 원인." 『한국사회학회 사회학대회 논문집』: 849-863.

서정건·김예원. 2014. "소셜 미디어 시대의 사회운동과 정당정치: 미국의 소득 불평등과 점령하라 운동 사례를 중심으로." 『한국정당학회보』 13(2): 101-129.

세교연구소 외. 2008. 6. 16. "긴급 시국 대토론회 : 촛불 집회와 한국 민주주의."

설진아. 2011. 『소셜 미디어와 사회변동』. 서울: 커뮤니케이션북스.

설진아. 2012. "이집트 민주화 혁명에서 SNS와 소셜 저널리즘: 페이스북의 사례분석을 중심으로." 『한국언론정보학보』 Vol. 58: 7-29.

손호철. 2017. 『촛불혁명과 2017년 체제』. 서울: 서강대학교출판부.

송경재. 2011. "지구 사회운동의 동학: 글로벌 사이버 행동주의(cyber activism)를 중심으로." 『21세기 정치학회보』 21(1): 79-99.

송경재. 2009a. "웹 2.0 정치 UCC와 전자민주주의: 정당, 선거 그리고 촛불 시민운동의 시민참여를 중심으로." 『담론 201』 11(4): 63-91.

송경재. 2009b. "네트워크 시대의 시민운동연구: 2008 촛불 집회를 중심으로." 『현대정치연구』 2(1): 55-83.

송경재. 2008. "2008년 촛불과 네트워크형 시민운동 전망." 『시민과 세계』 Vol. 14: 156-164.

송인혁·이유진 외 한국 트위터 사용자들. 2010. 『모두가 광장에 모이다: 소셜이 바꾸는 멋진 세상』. 서울: 아이앤유.

신진욱. 2008. 『시민』. 서울 : 책세상.

신진욱. 2007. "사회운동의 연대형성과 프레이밍 과정에서 도덕 감정의 역할: 5·18 광주항쟁 팸플릿에 대한 내용 분석." 『경제와 사회』 Vol. 73: 203-243.

심성은. 2019. "노란 조끼 시위의 동인과 특징에 대한 고찰." 『의정연구』 Vol. 56: 117-129.

아고라 폐인들. 2008. 『대한민국 상식사전 아고라』. 서울: 여우와 두루미.

안완기. 2001. "정치시위이론에 관한 고찰: 새로운 접근법을 모색하며." 『정치정보연구』 4(1): 205-228.

안지은·조대엽. 2012. "촛불 집회의 프레임 변화 과정에 관한 연구: 2008년 미국산 쇠고기 수입반대 집회를 중심으로." 『한국사회학회 사회학대회 논문집』: 581-589.

엄묘섭. 2009. "감정의 시대: 문화와 집합행동." 『문화와 사회』 Vol. 6: 7-51.

유영철. 2012. "소셜네트워크 상에서의 정보전달과 시민참여의 권유 및 참여 결정 특성에 관한 연구: 촛불 집회 참여와 On-Line 커뮤니티 단체들의 성격분석." 『한국지역정보화학회지』 15(2): 103-120.

윤석준. 2019. "불평등 심화에 대한 옐로카드: 프랑스의 노란조끼운동." 『국제문제연구소 이슈브리핑』 No. 52: 1-6.

윤성이. 2009. "인터넷과 초국적 사회운동: 양적 팽창 혹은 질적 변화?" 『사회이론』 가을/겨울: 3-27.

윤성이. 2001. "인터넷 운동과 시민운동의 새로운 전개." 한국정치학회·김영래 엮음. 2001. 『정보사회와 정치』. 서울: 오름.

윤성이·류석진·조희정. 2008. 『인터넷 정치참여와 대의민주주의: 2008년 촛불 집회를 중심으로』. 국회입법조사처.

윤성이·장우영. 2008. "청소년 정치참여 연구: 2008년 촛불 집회를 중심으로." 『전남대학교 세계한상문화연구단 국내학술회의 자료집』: 2377-2393.

이강형. 2007. "정치적 사건에 대한 유권자의 감정적 반응과 정치참여의 관계." 『대한정치학회보』 15(2): 273-298.

이관후. 2017a. "비폭력 시민저항의 이해: 촛불시위의 사상적 배경 연구." 『시민사회와 NGO』 15(1): 39-77.

이관후. 2017b. "시민의회는 어떤 민주주의인가." 『민주누리』 Vol. 12: 14-19.

이기형. 2008. "촛불시민운동과 넷파워 그리고 광장의 정치." 『문학과사회』:

288-302.

이동환·강내원·전종우. 2017. "SNS를 통한 시민사회운동의 공론화 과정: #그런데 최순실은." 『사이버커뮤니케이션학보』 34(2): 83-122.

이동훈. 2017. "소셜 미디어 사회에서 촛불 집회의 헌법적 의미: 네트워크 액세스권을 중심으로." 『공법학연구』 18(2): 3-24.

이영주. 2008. "정치, 저널리즘 그리고 미디어 커뮤니케이션 양식 변환의 의미." 『한국출판학연구』 34(2): 181-219.

이원태. 2010. 『트위터의 정치사회적 영향과 시사점』. 서울: 정보통신정책연구원.

이재열. 1998. "민주주의, 사회적 신뢰, 사회적 자본." 『계간 사상』 여름호: 65-93.

이정기·정대철. 2010. "광우병 촛불 집회에 나타난 미디어 2.0 현상에 관한 연구." 『정치커뮤니케이션연구』 Vol. 16: 193-244.

이준웅·김은미·김현석. 2007. "누가 인터넷 토론에서 영향력을 행사하는가: 온라인 의견 지도자의 속성." 『한국언론학보』 51(3): 358-443.

이지호·이현우·서복경. 2017. 『탄핵광장의 안과 밖: 촛불 민심 경험분석』. 서울: 책담.

이진순 외. 2016. 『듣도 보도 못한 정치』. 파주: 문학동네.

이창호·배예진. 2008. "뉴미디어를 활용한 다양한 사회운동방식에 대한 고찰: 2008년 촛불 집회를 중심으로." 『한국언론정보학보』 Vol. 44: 44-75.

이창호·정의철. 2008. "촛불문화제에 나타난 청소년의 사회참여 특성에 대한 연구." 『언론과학연구』 8(3): 457-491.

이항우. 2012a. "네트워크 사회운동과 하향적 집합행동: 2008년 촛불시위." 『경제와 사회』 Vol. 93: 244-274.

이항우. 2012b. "소셜 미디어, 사회운동의 개인화, 그리고 집합 정체성 구성: 페이스북 그룹 '함께 점령' 사례 분석."『경제와 사회』Vol. 95: 254-287.

이해진. 2008. "촛불 집회 10대 참여자들의 참여경험과 주체 형성."『경제와 사회』Vol. 80: 68-108.

이현정. 2014. "기록학 실천주의의 과제와 전망: 월가 점령운동 기록화 사례를 중심으로."『기록학연구』Vol. 42: 213-243.

임경훈. 2011. "2008년 촛불 집회와 한국 대의민주주의의 개혁 방향."『한국사회과학』Vol. 33: 3-24.

임상수. 2009. "사이버공간의 의사소통구조와 사이버 시민성의 교육: 촛불시위의 사례를 중심으로."『윤리연구』Vol. 73: 51-76.

임종수. 2011. "촛불과 미디어: 컨버전스 미디어 양식과 개인화된 대중의 출현."『현상과 인식』35(1/2): 97-124.

임현진·공석기. 2006. "지구시민사회의 작동원리와 한국 사회운동의 초국적 동원전략."『한국사회학』40(2): 1-36.

임희섭. 1999.『집합행동과 사회운동의 이론』. 서울: 고려대학교 출판부.

장우영. 2010. "네트워크 개인주의와 시민저항: 2008년 촛불시위를 사례로."『한국정치연구』19(3): 25-54.

장우영 외. 2019.『촛불 집회와 다중운동』. 파주: 한국학술정보.

전국교수노동조합 외. 2008.『촛불과 한국사회 2차 국민대토론회: 촛불, 어디로 갈 것인가』.

전규찬. "게이트들의 게이트, 촛불들의 촛불, 그리고 미디어 문화정치."

전병근. 2021.『대만의 디지털 민주주의와 오드리 탕』. 서울: 스리체어스.

전상진. 2009. "2008년 촛불 현상에 대한 세대사회학적 고찰."『현대정치연구』2(1): 5-31.

전상진. 2008. "촛불, 전문가지배에 대한 집단지성의 도전?"(문화사회학회 발표문).

전영아·강정한. 2010. "사이버 커뮤니티에서 유형별 사회자본이 정치적 의견 표명과 호응에 미치는 효과: 광우병 촛불 집회 사례를 중심으로." 『사이 버커뮤니케이션학보』 27(3): 177-226.

전진오·김성태·김형지·Xiong Shuangling·김선우. 2017. "소셜미디어 읽 기와 쓰기가 정치참여에 미치는 매개효과에 관한 연구: SNS 읽기-쓰기 의 매개효과에 주목하여." 『평화연구논집』 27(1): 169-205.

전철. 2008. "2008년 촛불문화제 리포트"(http://theology.kr 검색일: 2008.8.15.)

정수복 편역. 1993. 『새로운 사회운동과 참여민주주의』. 서울: 문학과지성 사.

정병기. 2017. "68혁명과 비교한 2016/2017 촛불 집회의 비판 대상과 참가 자 의식." 『동향과 전망』 Vol. 10: 261-291.

정연우. 2008. "보수언론과 시민들의 맞짱: 공영방송과 인터넷을 지켜라." 『민족 21』 8월호: 96-99.

정일준·김상돈. 2009. "인터넷 감성이 온라인 항의 참여와 오프라인 시위 참 여에 미친 영향: 2008년 촛불 집회 분석." 『한국과 국제정치』 25(4): 217-255.

정태석. 2006. "시민사회와 사회운동의 역사에서 유럽과 한국의 유사성과 차 이: 유럽의 신사회운동과 한국의 시민운동을 중심으로." 『경제와 사회』 Vol. 72: 125-147.

정태석. 2004. "탄핵, 촛불, 총선 그리고 한국 민주주의의 미래." 『시민과 사 회』 Vol. 6: 255-275.

조석장. 2009. 『인터넷과 한국의 민주주의: 참여민주주의와 대의민주주의에 대한 도전과 변화』. 파주: 한국학술정보.

조용현. 2015. "라틴아메리카 원주민운동: 사파티스타운동과 에콰도르원주민민족연맹(CONAIE)에 대한 비교 연구."『이베로아메리칸연구』 26(3): 317-356.

조희정. 2019a. "시민 기술의 다중운동."(장우영 외. 2019.『촛불 집회와 다중운동』. 파주: 한국학술정보: 263-285.).

조희정. 2019b. "네트워크 사회의 개인권력과 디지털 노마드 개념에 대한 연구."『시민사회와 NGO』17(2): 41-72.

조희정. 2017a.『시민 기술, 네트워크 사회의 공유경제와 정치』. 서울: 커뮤니케이션북스.

조희정. 2017b.『민주주의의 전환: 온라인 선거 운동의 이론·사례·제도』. 파주: 한국학술정보.

조희정. 2017c. "네트워크 시대의 온라인 사회운동과 민주주의: 2016 촛불 집회 사례를 중심으로."『민주화운동기념사업회 한국민주주의연구소 2017년 민주주의 학술 펠로우 발표문집』. 서울: 민주화운동기념사업회: 39-89.

조희정. 2013.『민주주의의 기술: 미국의 온라인 선거 운동』. 파주: 한국학술정보.

조희정. 2012a. "소셜 미디어 정치의 국제적 비교: 연결과 단절의 갈등을 중심으로." 한국언론학회 엮음. 2012.『정치적 소통과 SNS』. 서울: 나남: 343-377.

조희정. 2012b. "글로벌 소셜 혁명과 전환의 기술로서 소셜 미디어의 역할."『스마트정보문화리포트』Vol. 3: 29-56.

조희정. 2011. "2011년 중동의 시민혁명과 SNS의 정치적 매개역할."『한국정치연구』20(2): 309-337.

조희정. 2011. 1. 31. "튀니지의 자스민 혁명과 SNS의 역할."『이슈와 논점』제

192호.

조희정. 2011. 2. 1. "이집트의 정치격변과 인터넷 차단의 정치 효과." 『이슈와 논점』 제193호.

조희정. 2011. 2. 28. "SNS 확산의 의미와 쟁점 및 과제." 『이슈와 논점』 제 204호.

조희정. 2011. 9. 5. "소셜 미디어의 긍정적 측면과 부정적 측면." 『이슈와 논점』 제289호.

조희정. 2010. 『네트워크 사회의 정치와 민주주의: 정부·정당·시민사회의 변화와 전망』. 서울: 서강대학교 출판부.

조희정·강장묵. 2008. "네트워크 정치와 온라인 사회운동: 2008년 '미국산 쇠고기 수입반대 촛불 집회' 사례를 중심으로." 『한국정치학회보』 42(3): 311-332.

조희정·이상돈. 2011. "네트워크 사회의 사회적 개인의 발현과 공조: 소셜 미디어를 활용한 의제제안·의제연결·집단화 과정을 중심으로." 『시민 사회와 NGO』 9(2): 231-267.

조희정·이상돈. 2019. 10. 1. "디지털사회혁신과 플랫폼 커먼즈: 이용자의 자 본결정력 확산을 위한 '시민자본' 개념의 필요성." 미래사회혁신포럼(서 울시 주최, 장소: 서울혁신파크) 발표문.

좋은정책포럼. 2008. 6. 『2008년 촛불시위와 한국 정치의 진로』.

차재권. 2013. "웹 기술의 진화와 분쟁정치의 역동성: 2009년 이란 대선 시위 의 경험을 중심으로." 『동아연구』 25(1): 129-156.

참여연대·참여사회연구소·한겨레 사진부. 2008. 『어둠은 빛을 이길 수 없 습니다』. 서울: 한겨레출판.

천정환. 2017. "누가 촛불을 들고 어떻게 싸웠나: 2016/17년 촛불항쟁의 문 화 정치와 비폭력·평화의 문제." 『역사비평』 Vol. 118.

최재훈. 2017. "집합행동의 개인화와 사회운동 레퍼토리의 변화." 『경제와 사회』 Vol. 113: 66-99.

최재훈. 2015. "온라인을 매개로 한 사회운동의 가능성과 한계: 촛불 집회의 사회운동론적 의의에 대한 재고찰." 『사회연구』 Vol. 28: 69-114.

최지원·김윤경·이연경·정수희. 2008. "TV뉴스와 인터넷 뉴스의 주요 의제 선정과 주제 이용패턴 차이 분석: 쇠고기 사태에 의한 촛불 집회 보도를 중심으로." 『한국언론정보학회 학술대회자료집』: 399-437.

추주희. 2009. "괴물(음식), 촛불소녀 그리고 사이보그." 『진보평론』 3월호: 245-270.

하홍규. 2013. "분노를 보다: 감정과 사회적 맥락." 『감성연구』 Vol. 6: 79-116.

허진. 2011. "페이스북 통해 감정도 전염된다." (『중앙일보』 2011. 6. 7.)

한국언론학회 엮음. 2012. 『정치적 소통과 SNS』. 서울: 나남.

홍성태. 2017. "한국의 사회변동과 운동 리더십의 역사적 변환." 『민주주의와 인권』 17(1): 39-77.

홍성태. 2008. "촛불 집회와 민주주의." 『경제와사회』 Vol. 80: 10-39.

홍일선. 2011. 3. 30. "모바일 혁명이 아프리카를 바꾼다." 『LGERI 리포트』: 2-17.

홍지연. 2019. "방송중 시위와 홍콩의 미래." 『국제문제연구소 이슈브리핑』 No. 64: 1-5.

황유선·심홍진. 2010. "트위터에서의 의견 지도력과 트위터 이용패턴: 이용동기, 트윗 이용 패턴 그리고 유형별 사례분석." 『한국방송학보』 24(6): 365-404.

민주주의는 기술을 선택한다
세계 시민 집회와 시민 기술

ⓒ조희정

초판 1쇄 발행　2022년 3월 20일

　　지은이　조희정
　　펴낸이　서복경
　　　기획　엄관용
　　디자인　와이겔리

　　펴낸곳　더가능연구소
　　　등록　제2021-000022호
　　　주소　04003 서울특별시 마포구 잔다리로 111(서교동), 401호
　　　전화　(02) 336-4050
　　　팩스　(02) 336-4055
　　이메일　plan@theposslab.kr
인스타그램　@poss_lab

　　ISBN　979-11-975290-6-1　93300